Le socialisme et le mouvement social au 19è siècle.

Le socialisme et le mouvement social au 19è Siècle.

Werner Sombart

Editions Le Mono

Collection « *Les pages de l'Histoire* »

ISBN : 978-2-36659-519-2
EAN : 9782366595192

Chapitre I
Origine et tendance

Il est encore arrivé, ce que voulaient les étoiles:
La volonté et la loi; et la volonté de tous
N'est devenue qu'un vouloir unique, parce que
cela devait être;
Et devant la volonté l'arbitraire se tait.
- Goethe. *Urworte.*

En commençant le Manifeste du parti communiste par les paroles célèbres : « l'histoire de toute société jusqu'à nos jours n'a été que l'histoire des luttes de classes », Karl Max a formulé, selon moi, une des plus grandes vérités qui remplissent notre siècle. Il n'a cependant pas dit la vérité tout entière. Il n'est pas exact que toute l'histoire de la société se réduise à des luttes de classes. Si nous voulons faire entrer « l'histoire universelle » dans une formule, nous serons forcés, je le crois, de dire qu'il y a deux antagonismes autour desquels tourne toute l'histoire de la vie sociale, comme autour de deux pôles ; je les appellerai les antagonismes sociaux et les antagonismes nationaux, en prenant le mot national dans son sens le plus large. Dans son développement, l'humanité se groupe d'abord en communautés ; puis, ces communautés entrent en concurrence et en lutte entre elles ; alors; à l'intérieur de ces communautés, chacun cherche à s'élever au dessus des autres, afin de se créer, comme l'a dit Kant, un rang parmi ses compagnons, qui désormais le gênent mais dont il ne peut pas non plus se passer. Si donc la société cherche à devenir riche, puissante et à être respectée, la même tendance vers la richesse, la puissance et la considération se manifeste chez les individus. Ce sont là, semble-t-il, les deux antagonismes qui remplissent en fait toute l'histoire. L'histoire ne commence, en effet que lorsque ces antagonismes sont nés. Et pour employer une comparaison - et ce n'est qu'une comparaison dont la forme brutale ne doit pas vous froisser - l'histoire de l'humanité est, ou bien une lutte pour obtenir sa part de pâture, ou une lutte pour conquérir son territoire de pâture, sur notre terre. Ce sont ces deux antagonismes qui ne cessent de s'opposer et de régir l'humanité. Nous nous trouvons en ce moment à la fin d'une période historique caractérisée par la puissance du sentiment national et au milieu d'une période de violents antagonismes sociaux, et les différentes conceptions du monde (Weltanschauung) qui dominent aujourd'hui dans les différents groupes humains me paraissent toutes ramenées à cette alternative : « point de vue national ou point de vue social ».

Avant d'entrer dans mon sujet : « le socialisme et le mouvement social au XIXe siècle » et d'aborder l'un de ces antagonismes, l'antagonisme social, je voudrais tout d'abord poser cette question : *Qu'est-ce qu'un mouvement social ?* et y répondre. *J'appelle mouvement social l'ensemble de toutes les tendances d'une classe qui ont pour but de transformer l'organisation sociale existante d'une façon fondamentale et conforme aux intérêts de cette classe.*

8

Les éléments qui doivent se retrouver dans chaque mouvement social sont donc les suivants : *premièrement*, une *certaine organisation*, dans laquelle vit une société donnée et notamment une organisation sociale, dont les éléments fondamentaux peuvent être ramenés à l'organisation de la production et de la distribution des biens matériels comme à la base nécessaire de l'existence de l'homme. Cette organisation déterminée de la production et de la distribution est le point de départ de tout mouvement social. *Deuxièmement*, une *classe sociale*, c'est-à-dire un certain nombre d'individus ayant les mêmes intérêts; et notamment - ceci est décisif - les mêmes intérêts économiques, intéressés par conséquent à un certain mode de production et de distribution dans une organisation donnée. Il nous faut pour chaque classe remonter à cette organisation des rapports matériels et nous ne devons pas nous laisser éblouir ou induire en erreur par le décor idéologique propre à chaque classe. Ces éléments idéologiques, qui souvent nous mènent, ne sont que les éléments superficiels qui entourent le point central : les classes économiquement différenciées. *Troisièmement*, un *but*, que cette classe, mécontente de sa condition, se propose d'atteindre, un *idéal* qui représente la forme future dans laquelle la société veut se mouvoir, et qui trouve son expression dans les principes, les revendications et les programmes de cette classe. D'une façon générale, partout où l'on peut parler d'un mouvement social vous trouverez un *point de départ*, l'organisation sociale existante, un *porteur* (le sujet actif) du mouvement, la classe sociale, et un *but*, l'idéal de la société nouvelle.

Je me propose de fournir dans ce qui suit quelques points de vue qui pourront servir à l'intelligence d'un mouvement social déterminé, du mouvement moderne. Qu'est-ce que *comprendre un mouvement social ?* C'est le connaître dans sa détermination historique nécessaire, dans ses connexions causales avec ses concurrents, d'où résulte nécessairement ce que nous désignons sous le nom de mouvement social. C'est comprendre pourquoi certaines classes se forment, pourquoi certains antagonismes déterminés naissent entre ces classes sociales, et principalement pour quelle raison la classe sociale agissante, agressive, possède et doit posséder l'idéal vers lequel elle tend. C'est donc avant tout reconnaître que ce mouvement n'a pas son origine dans le caprice, le bon plaisir ou la méchanceté des individus, qu'il n'a pas été *fait*, mais qu'il est *devenu*.

Et maintenant arrivons au mouvement social moderne ! Par quoi est-il caractérisé? Si nous considérons ce qui constitue les éléments de chaque mouvement social, nous pouvons caractériser le mouvement social moderne à deux points de vue : par le but qu'il se propose et par le porteur du mouvement, la classe agissante. Le mouvement social moderne est ainsi, d'après le but qu'il poursuit, un mouvement *socialiste*, car, comme on le montrera plus tard, son but final est d'établir la propriété socialiste, au moins pour les moyens de production, c'est-à-dire une société socialiste, basée sur la production en commun, qui remplacerait la société actuelle, fondée sur l'économie privée. D'après son porteur, il est caractérisé par ce fait qu'il est un mouvement *prolétarien*, ou, comme nous le disons plus souvent, un mouvement ouvrier : la classe qui soutient ce mouvement, qui est à sa base, qui lui donne l'impulsion, c'est le prolétariat, une classe de salariés libres.

Quelles sont donc les circonstances qui nous permettent de voir dans le mouvement ainsi caractérisé le produit nécessaire de l'évolution historique ? J'ai dit que c'est le prolétariat moderne, classe de salariés libres, condamnés à être salariés toute leur vie, qui est le porteur du mouvement social. C'est donc l'origine de cette classe même qui est la première condition de son existence. Toute classe sociale est le produit, l'expression, d'un mode de production déterminé ; le prolétariat est le produit et l'expression du mode de production que nous distinguons sous le nom de production capitaliste. *L'histoire des origines du prolétariat*, c'est donc l'histoire du capitalisme. Celui-ci ne peut pas exister, il ne peut pas non plus se développer sans produire le prolétariat, Mais je ne puis pas me proposer de vous donner, ne serait-ce que sous forme d'esquisse, une histoire du capitalisme. Je ne dirai que ce qui est nécessaire pour comprendre ce qu'il est, Le mode de production capitaliste consiste en ceci que la production de biens matériels s'effectue par le concours de deux classes socialement différenciées, d'une classe qui est en possession des facteurs matériels nécessaires à la production, des moyens de production (machines, outils, fabriques, matières premières, etc.), c'est-à-dire de la classe capitaliste, d'une part, et des facteurs personnels de la production, de ceux qui ne possèdent rien que leur force de travail, de l'autre, qui constituent précisément la classe des salariés libres. Si nous nous rappelons que *toute* production repose sur la réunion dès facteurs personnels et des facteurs matériels de la production, alors la production capitaliste se distinguera de tous les autres modes de production par ceci, que les deux facteurs nécessaires de la production sont représentés par deux classes socialement différenciées, qui doivent nécessairement par une libre convention, par le « contrat de salaire librement consenti » s'unir en vue du processus de production pour que ce processus puisse s'effectuer, Ce mode de production lui-même est entré dans l'histoire comme une nécessité. Il est apparu au moment où les besoins devinrent si puissants que le mode de production ancien ne pouvait plus suffire aux conditions nouvelles, à l'époque où furent découverts les grands marchés nouveaux. Il est apparu comme n'ayant au début d'autre rôle historique que d'inculquer à la production des richesses l'esprit commercial nécessaire au maintien de ces débouchés nouveaux. La capacité commerciale prend la direction de la production et soumet à son commandement la grande masse des simples artisans. La production capitaliste devient ensuite plus nécessaire encore au fur et à mesure que le développement de la technique rend les entreprises telles, que la réunion d'un grand nombre de forces ouvrières dans le même processus de production devient techniquement inévitable, c'est-à-dire surtout dès l'introduction de la vapeur dans la production et le transport des richesses.

Le porteur de la production capitaliste, la classe qui la représente, devient la *bourgeoisie*. Je parlerais volontiers de la grande mission historique qu'elle a remplie. Mais je dois de nouveau me borner à indiquer ce que nous devons considérer comme l'essentiel de cette mission historique, le merveilleux développement qu'elle fit prendre aux forces matérielles de la production, Sous la pression de la concurrence, stimulée par le besoin du profit qui entre avec elle dans l'histoire moderne, la bourgeoisie réalisa comme par enchantement ces contes des mille et une nuits, dont les merveilles nous enchantent chaque jour, lorsque nous flânons dans les rues de nos grandes villes ou à travers les grandes expositions industrielles, lorsque nous nous mettons en communication avec nos antipodes, lorsque nous traversons l'Océan sur de merveilleux palais, ou enfin lorsque nous jouissons des délices que nous offrent nos luxueux salons. Ce qui importe à notre point de vue, c'est que l'existence du mode de production capitaliste est la condition nécessaire de la classe qui est le représentant du mouvement social moderne, le prolétariat. J'ai déjà dit ailleurs que le prolétariat suit la production capitaliste comme son ombre, Ce mode de production ne peut exister, ne peut se développer que si des troupes d'ouvriers sans propriété se réunissent sous le commandement d'un seul dans les grandes entreprises; il suppose nécessairement la séparation de toute la société en deux classes, celle qui détient les moyens de production et celle qui détient le facteur personnel de la production.

De cette façon l'existence des capitalistes est la condition nécessaire de l'existence du prolétariat, et, partant, du mouvement social moderne. Mais ce prolétariat lui-même par quoi est-il déterminé ? *Quelles sont les conditions dans lesquelles il vit*, et comment ces conditions peuvent-elles expliquer les courants particuliers, qui, comme nous le verrons, se manifestent dans cette classe ? Lorsqu'on demande ce qui caractérise le prolétariat moderne on a l'habitude de répondre que c'est la grande misère dans laquelle sont tombées les masses. Ceci peut être vrai, sauf certaines restrictions, mais on ne doit pas oublier que la *misère* n'est pas un phénomène spécifique du prolétariat moderne. Combien grande est, par exemple, la misère du paysan russe ou du tenancier irlandais ? Il faut trouver une misère spécifique qui caractérise le prolétariat. Je fais surtout allusion ici aux usines malsaines, aux mines et fabriques remplies de bruit, de poussière, et d'air suffoquant, créées par la production moderne dans des conditions qui permettent d'entraîner dans la production certaines catégories d'ouvriers, par exemple les femmes et les enfants, et je songe ensuite à l'agglomération de la population dans les centres industriels et dans les grandes villes, qui a augmenté encore la misère de la vie de l'ouvrier. Nous pouvons donc considérer la misère comme un premier moment dans la formation et le développement des idées nouvelles et des sentiments nouveaux. Mais ce n'est pas là le plus important, si nous recherchons les conditions principales de l'existence du prolétariat. Ce qui est déjà plus caractéristique, c'est qu'au moment où de grandes masses tombent dans la misère, les millions surgissent d'un autre côté comme dans un conte de fées. C'est le *contraste* de cette misère avec la villa confortable, les équipages élégants des riches, les splendides magasins, les restaurants luxueux, devant lesquels l'ouvrier passe pour aller à sa fabrique ou à son atelier et pour rentrer dans son quartier désolé ; c'est ce contraste qui provoque la haine des masses, la haine ! Et c'est encore une particularité de la situation moderne de provoquer cette haine et de la transformer en jalousie. Il me semble que ceci se produit surtout parce que ceux qui disposent de toute cette splendeur, ce n'est plus l'Église, ce ne sont plus des princes, mais ceux dont les masses sentent qu'elles dépendent, ceux dont la puissance économique les détient directement, ceux dans lesquels elles voient leurs exploiteurs; c'est ce contraste, spécifiquement moderne, qui produit .l'intensité de la haine dans les masses. Bien plus, il n'y a pas seulement la situation misérable, il n'y a pas seulement le contraste avec les classes possédantes ; une autre calamité redoutable s'agite encore au-dessus de la tête des prolétaires; l'insécurité de leur existence. Ici encore, si nous le comprenons bien, nous sommes en face d'une particularité de la vie sociale moderne. Il est vrai que le manque de sécurité sociale se rencontrait aussi autrefois et se retrouve ailleurs. Le Japonais craint le tremblement de terre qui peut à tout moment engloutir ce qu'il possède ; le Kirghise tremble en été devant la bourrasque de sable, et en hiver devant la trombe de neige qui détruit les pâturages de ses troupeaux. Une inondation, une sécheresse peut en Russie priver le paysan de sa récolte et le livrer en proie à la famine. Mais il y a ceci de particulier dans l'insécurité du prolétariat, qui se manifeste par le chômage et le manque de ressources, c'est que ce manque de sécurité ne semble pas être la conséquence de l'action de la nature, comme dans les cas dont j'ai parlé, mais la conséquence de *formes déterminées de l'organisation économique* ; ceci est décisif. « Personne ne peut faire valoir des droits vis-à-vis de la nature, mais dans la vie sociale, le fait d'être privé de droits se traduit immédiatement sous la forme d'une injustice faite à telle ou telle classe » (Hegel). Si donc l'insécurité en tant que fait de la nature mène à la superstition et à la bigoterie, l'insécurité sociale, si je puis l'appeler ainsi, affine l'intelligence et la rend plus parfaite. On se met à rechercher les causes qui déterminent cette insécurité. Cette insécurité provoque aussi un renforcement des sentiments d'antipathie qui se développent dans les masses, elle accumule les haines et la jalousie. Voici donc quel est le terrain sur lequel poussent, dans le prolétariat moderne, les passions révolutionnaires, la haine, la jalousie, la révolte : des formes particulières de misère, le contraste de la misère avec la vie brillante des patrons, l'insécurité de l'existence considérée comme conséquence de la forme de l'organisation économique.

Pour comprendre de quelle façon naissent, sous l'action de ces forces motrices, les idées qui forment la caractéristique du mouvement social moderne, il faut nous rappeler que les masses, dont nous venons d'étudier !a condition, ne se sont pas formées lentement, mais qu'elles ont été précipitées, projetées dans leur situation actuelle tout d'un coup, comme par enchantement. C'est comme si l'histoire passée s'était évanouie pour des millions d'hommes. En effet, leur réunion dans de grandes usines est, comme leur agglomération dans les villes et dans les centres industriels, la condition nécessaire du capitalisme. Et que signifie cette agglomération ? Que des masses humaines venant des régions les plus différentes du pays, sans lien entre elles, amorphes, en quelque sorte, ont été amenées sur un point donné et qu'on leur dit de vivre et de s'arranger comme elles peuvent. Cela signifie rupture complète avec le passé, destruction de tous les liens qui unissent au pays natal, au village, à la famille, aux mœurs familières, et, partant, disparition dans cette masse sans feu ni lieu, sans propriété ni attaches, de tout ce qui dans le passé constituait son idéal. C'est là une circonstance dont souvent on n'a pas fait assez de cas. On oublie que c'est une *vie* tout à fait *nouvelle* que doivent commencer ces masses de prolétaires. Et quelle est cette vie nouvelle ? On trouve dans ce qui lui est particulier autant d'éléments pour expliquer ce que je pourrais appeler la structure positive de l'ensemble des idées prolétariennes, que pour détruire tout ce qui avait une valeur dans le passé, l'idéal socialiste de la vie et de la production en commun doit nécessairement pousser dans les centres industriels et dans les quartiers ouvriers des grandes villes. Dans les casernes qu'il habite, dans les énormes fabriques, dans les grandes réunions et dans les lieux de réjouissances, le prolétaire isolé, abandonné de Dieu et des hommes, se sent de nouveau, au contact de ses compagnons d'infortune, devenu membre d'un organisme, nouveau et gigantesque. Des communautés nouvelles sont en train de se former et ces communautés nouvelles ont, grâce à la technique moderne, un cachet communiste. Et elles se développent, croissent, se consolident au fur et à mesure que disparaissent pour l'ouvrier les attraits de la vie isolée : plus la mansarde du faubourg est vide, plus attrayants deviennent les nouveaux centres de réunion commune, où l'individu isolé se sent pour ainsi dire devenir de nouveau un homme. L'individu disparaît et c'est le camarade qui apparaît. Il se fait un groupement de classe et l'habitude naît du travail en commun et de la jouissance en commun. Voilà pour la psychologie du prolétariat.

Pour avoir une intelligence complète du mouvement social moderne nous jetterons encore un coup d'œil sur les *circonstances générales* qui caractérisent l'époque où ce mouvement se produit. Ici aussi force nous sera de nous limiter à quelques observations. On peut caractériser l'époque moderne de la façon suivante. Elle se distingue avant tout par une *intensité de vie* qu'on ne retrouve à aucune autre époque. La société moderne est parcourue par un courant vital tel que ne l'a jamais connu aucune époque précédente et ceci rend possible, pour les individus qui forment la société, une rapidité de relations qui n'eût pas été possible autrefois. C'est là la conséquence des moyens modernes de communication créés par le capitalisme. La possibilité de pouvoir s'entendre aujourd'hui à travers un grand pays, en quelques heures, à l'aide du télégraphe, du téléphone, des journaux, la possibilité de jeter, grâce aux moyens de transport modernes, .de grandes masses d'hommes d'un point du territoire sur un autre ont établi des liens multiples entre de grandes masses, créé un sentiment d'unité inconnu à toutes les époques antérieures. Cela se manifeste surtout dans les grandes villes. La facilité de mettre en mouvement de grandes masses s'est énormément accrue. Et en même temps s'est aussi accru dans les masses ce que nous appelons l'instruction, les connaissances et, avec les connaissances, les exigences.

À cette animation est liée de la façon la plus intime ce que j'appellerai la *nervosité* des temps modernes, l'instabilité, le caractère hâtif, l'incertitude de toute l'existence. Le caractère particulier des rapports économiques a donné ce cachet. D'inquiétude et de précipitation, non seulement au domaine de la vie économique, mais à tous les domaines de la vie sociale. L'époque de la libre compétition se manifeste dans tous les domaines ; chacun cherche à devancer les autres, personne ne se sent en sûreté, personne n'est content de son sort. La belle quiétude contemplative a disparu.

Enfin une chose encore! Je l'appellerai le *révolutionnarisme*, et je désigne par là ce fait que jamais époque n'a subi comme la nôtre un renversement aussi complet de toutes les formes de la vie. Tout est entré en mouvement: l'économie, la science, l'art, les mœurs, là religion, toutes les idées se trouvent dans un état de fermentation telle, que nous nous trouvons ainsi amenés à croire qu'il n'y a plus rien de stable. C'est là peut-être une des circonstances les plus puissantes qui expliquent le contenu des tendances sociales modernes. Elle explique deux choses: d'abord cette critique dissolvante de tout ce qui existe; qui ne laisse plus rien debout, qui rejette toute croyance comme surannée. C'est ensuite aussi la croyance fanatique à la possibilité de réaliser n'importe quelle organisation future. Si tant de miracles auxquels personne n'osait croire se réalisent devant nos yeux comme en se jouant pourquoi n'irait-on pas plus loin ? Pourquoi ne pourrait-on pas réaliser tout ce qui est désirable ? Et c'est ainsi que la situation révolutionnaire actuelle forme le terrain sur lequel pousse l'utopie sociale de l'avenir. Edison et Siemens sont les pères spirituels des Bellamy et des Bebel.

Ce sont là, selon moi, les conditions essentielles dans lesquelles s'est développé le mouvement social des temps modernes : la vie particulière du prolétariat, le caractère spécifique de la misère, les contrastes sociaux, l'insécurité résultant des phénomènes du système économique moderne, le remaniement de toutes les formes de l'existence par la destruction des liens anciens, et la constitution de formes sociales nouvelles à base communiste, de modes de groupement nouveaux dans les grandes villes et dans les centres industriels ; enfin, comme explication dernière, l'atmosphère particulière dans laquelle se développe le mouvement social moderne : vie intense, nervosité, révolutionnarisme.

Et maintenant abordons ce mouvement lui-même dans sa théorie et dans sa pratique.

Chapitre II

Le socialisme utopique

> « Rarement nous arrivons à la vérité
> sans passer par l'extrême opposé ; il nous
> faut d'abord épuiser l'erreur, avant d'arriver
> à la belle fin vers laquelle tend la calme
> sagesse. »
>
> — Schiller ; *Philosophische Briefe,*
> *Vorerrinnerung.*

Il serait étrange qu'une révolution dans les phénomènes économiques et sociaux aussi puissante que celle que je vous ai esquissée hier ne se reflétât pas aussitôt dans les cerveaux des penseurs. Il serait étrange, dis-je, que ce remaniement des choses sociales ne fût pas suivi aussi par un remaniement de la pensée, de la science et des croyances sociales.

Et nous voyons, en effet, que des changements fondamentaux se produisent dans le domaine de la pensée sociale parallèlement aux révolutions qui s'effectuent dans la vie. A côté de la littérature sociale existante se constitue une littérature nouvelle. La littérature de la fin du siècle dernier et du commencement de ce siècle, c'est ce que nous avons l'habitude d'appeler l'économie politique classique, une littérature qui, après un développement de 150 à 200 ans, a trouvé dans les grands économistes Adam Smith et David Ricardo sa plus haute expression théorique; c'est à elle que nous pouvons comprendre le système économique capitaliste. A côté de cette littérature, qui explique le système capitaliste, se développe maintenant une littérature nouvelle qui a d'abord pour trait commun d'être *anticapitaliste*, c'est-à-dire de se mettre en opposition consciente avec le système économique capitaliste et de considérer la défense de cette attitude d'opposition comme la tâche qui lui est propre. Étant donné l'état peu développé de la pensée économique, son opposition ne se manifeste tout d'abord que dans un mélange confus d'explications, de revendications, de discussions sur ce qui est et ce qui devrait être. Toute théorie peu développée commence de cette façon désordonnée, de même que les cerveaux non éduqués n'apprennent que lentement à distinguer entre l'explication de ce qui existe et de ce qui devrait exister. C'est surtout le point de vue pratique - chose compréhensible d'ailleurs - qui prédomine dans cette littérature nouvelle et jeune : la tendance à fonder théoriquement des principes nouveaux et un autre idéal.

C'est pourquoi, si nous voulons nous faire, une idée claire de cette littérature dans son enchaînement, et si nous voulons être à même de distinguer ses nuances variées, il sera raisonnable de prendre comme caractères distinctifs les différents courants auxquels correspondent ces différents systèmes nouveaux « de ce qui devrait être ». Nous pouvons, d'une façon générale, distinguer dans cette nouvelle littérature deux groupes : le groupe *réformateur* et le groupe *révolutionnaire*, le mot révolutionnaire n'est pas employé ici dans son sens courant, mais dans un autre sens que je vais expliquer. Nous trouvons une littérature réformatrice et une littérature révolutionnaire qui se distinguent en ce que la première accepte en principe le système capitaliste existant et s'efforce, en prenant ce système comme base, d'y introduire des changements et des améliorations, soit qu'elle propose de petites réformes dans l'ordre économique existant sans en atteindre ses fondements, soit que, tout en acceptant les grandes lignes de l'ordre actuel, elle veuille changer la manière de penser et la manière de sentir des individus. On prêche un esprit nouveau et la contrition ; ce sont les bonnes qualités de l'homme qui doivent avoir le dessus : l'amour du prochain, la charité, l'esprit de conciliation.

Cette tendance réformatrice, qui reconnaît les inconvénients et les mauvais côtés de la vie sociale et qui veut, tout en maintenant le principe de l'ordre économique existant, adoucir ces inconvénients, écarter et diminuer les mauvais côtés, a différents points de départ. Elle part, ou bien de l'idée *chrétienne*, ou bien d'une idée *morale* ou *philanthropique*, qui lui servent de base dans ses écrits sur la réforme sociale.

L'idée chrétienne appliquée au monde social crée ce courant littéraire que nous avons l'habitude de désigner, quoique cela ne soit pas tout à fait correct, du nom de « *socialisme chrétien* ». Ce sont les écrits des Lamennais, en France, et de Kingsley, en Angleterre. Pleins de l'esprit biblique, ils s'adressent à la fois aux patrons et aux ouvriers et leur demandent de chasser de leur âme l'esprit de Mammon, de se remplir le cœur de l'esprit de l'Évangile, de « l'esprit nouveau », comme ils ne cessent de l'appeler. Les premiers économistes « *éthiques* », les Sismondi, les Thomas Carlyle, qui ne se lassent pas de prêcher sinon l'esprit chrétien, du moins l'esprit « social », parlent la même langue. *Changer l'état des esprits*, tel est le mot d'ordre. Une troisième tendance, que j'appelle *philanthropique*, s'adresse plus aux sentiments qu'au devoir et à la religion. Pierre Leroux, en France, Grün et Hess, en Allemagne, pleins d'un grand et puissant amour de l'humanité, voudraient, grâce à cet amour, remédier aux maux dont ils ont le spectacle ; ils voudraient, pour ainsi dire, noyer dans cet amour général de l'humanité les misères qui les entourent: « Aimez-vous 1es uns les autres, comme hommes et comme frères », tel est le thème ordinaire de leurs sermons. Une chose est commune à tous ces courants - je ne parle ici que de leurs origines, car ils continuent à exister et à se répandre aujourd'hui encore - c'est, comme je l'ai dit, qu'ils maintiennent en principe les bases de l'ordre social existant ; c'est pourquoi je les appelle réformateurs.

En face d'eux se dresse une autre littérature, la *littérature révolutionnaire*. Révolutionnaire parce qu'elle veut écarter, changer, transformer le fondement même du système économique capitaliste. Et elle veut opérer ce changement suivant deux directions différentes, si je puis l'exprimer en deux mots, ou bien en le reculant *vers le passé* ou bien en le poussant *en avant*.

À l'époque où se développent les antagonismes économiques et où surgit avec eux comme phénomène nouveau la littérature anticapitaliste, nous trouvons largement représentée une littérature révolutionnaire anticapitaliste qui demande une *transformation régressive* du système *économique* actuel. Ce sont les ouvrages d'Adam Müller et de Léopold von Haller dans le premier tiers de ce siècle ; ces auteurs voudraient changer les bases sur lesquelles s'élève la société capitaliste, dans ce sens que le système de morcellement corporatif et féodal remplaçât la société bourgeoise et capitaliste. Ce sont là aussi des phénomènes qui n'ont pas encore pris fin, qui continuent à se manifester en de nombreux courants, qui souvent ne sont plus que des ruisseaux peu profonds.

À côté de ce courant réactionnaire il y a une autre tendance qui ne veut pas de ce retour aux formes anciennes, mais qui n'en demande pas moins la transformation fondamentale du système économique capitaliste. Elle demande une transformation qui conserverait toutes les acquisitions modernes marquant, surtout au point de vue technique, ce que nous avons l'habitude d'appeler un « progrès ». Ce sont donc des systèmes et des théories qui conservent ce qui est, historiquement parlant, l'essentiel du mode de production capitaliste, à savoir la base formée par la grande production moderne sur laquelle il s'élève. Mais tout en conservant ces acquisitions, ils réclament une organisation nouvelle de la production et de la distribution dans l'intérêt des classes de la population dont les intérêts leur paraissent trop lésés dans le système économique capitaliste, c'est-à-dire, au fond, dans l'intérêt des larges couches du prolétariat. Ces théoriciens qui demandent un tel changement du système économique capitaliste dans l'intérêt du prolétariat, tout en conservant la grande production, sont ceux que nous devons appeler les *socialistes* dans le sens propre du mot.

Nous devons tout d'abord nous occuper d'un genre particulier de socialistes, notamment de ceux que nous avons l'habitude de désigner sous le nom d'*utopistes* ou de *socialistes utopistes*. Les représentants types du socialisme utopique sont : Saint-Simon et Charles Fourier en France, Robert Owen en Angleterre. Les deux Français sont les plus célèbres et les plus connus : ce sont leurs systèmes que l'on expose le plus souvent. Owen est moins connu. Si donc c'est à l'aide de ce dernier que je veux tâcher d'expliquer l'essentiel du socialisme utopique, je le fais d'abord parce qu'il est moins connu, mais surtout parce qu'il est, selon moi, le plus intéressant des trois grands utopistes. C'est lui qui, d'une part, nous montre le plus clairement la genèse de l'idéal prolétarien moderne, et qui, d'autre part, a le plus influencé d'autres théoriciens socialistes, surtout Karl Marx et Frédéric Engels.

Robert Owen était fabricant de sa profession. Déjà à l'âge de 20 ans nous le voyons diriger une grande filature. Peu de temps après, il fonde lui-même une filature à Lanark. Là il apprend à connaître par lui-même la vie pratique. Nous pouvons distinguer deux périodes dans sa vie. Dans la première il est plutôt ce que l'on pourrait appeler : « éducationaliste », un homme qui s'intéresse surtout à l'éducation de la jeunesse et qui, par ce moyen, tend à une constitution nouvelle de la société humaine. L'ouvrage principal de cette période, c'est le livre intitulé: *A new view of society*. Dans la deuxième période il est socialiste ; son ouvrage principal est : *A book of the new moral world*. Owen ne nous intéresse que pendant cette deuxième période, comme socialiste. Quelle est la doctrine et quel est le contenu de cette première forme du socialisme utopique ?

Robert Owen prend comme point de départ de sa théorie les expériences qu'il avait faites lui-même dans son propre entourage : la situation qu'il a pu observer dans les fabriques de lui connues. Il nous décrit comment il a découvert dans les ouvriers, surtout dans les femmes et les enfants, une race physiquement, intellectuellement et moralement dégénérée. Il commence donc par connaître les mauvais côtés par lesquels se distingue le système capitaliste : son point de départ est spécifiquement prolétarien. Il réunit ensuite ses expériences dans un tout, en se basant sur un système philosophique et social qui n'est pas inconnu à ceux qui se sont occupés de la philosophie du XVIIIe siècle. Ce qui forme le caractère essentiel de la conception philosophique et sociale d'Owen, c'est sa croyance à la *bonté naturelle* de l'homme, à une organisation de la vie sociale naturellement bonne, à condition que l'on crée des rapports justes entre les hommes ; c'est donc la croyance au soi-disant « ordre naturel », à une organisation sociale qui, peut-être, a existé quelque part et qui, en tout cas, devrait exister partout, où ne sont pas intervenues des entraves artificielles, des anomalies rendant impossibles les rapports naturels entre les hommes. Owen voit ces anomalies, ces forces qui empêchent de réaliser une « société naturelle » : il les voit d'abord dans l'éducation défectueuse de l'homme moderne qui, lui aussi, est défectueux et plein d'anomalies. Il conclut logiquement : il faut donc, si ce bel état d'harmonie naturelle, si cet « ordre naturel » doivent exister, que ces deux anomalies disparaissent. Il demande donc une meilleure éducation et un milieu meilleur. Nous retrouvons, dans ces deux revendications, l'une *à côté* de l'autre les deux périodes de l'évolution d'Owen, comme nous venons de les voir l'une *après* l'autre. Dans la première, il insiste surtout sur l'éducation, dans la deuxième sur les changements dans le milieu qui entoure l'homme. Et il reconnaît - et ceci est peut-être la production théorique propre à Owen - que ces anomalies, dont la suppression entraînerait un changement total, ne sont pas données par la nature, mais qu'elles sont produites par un système social déterminé, qui, d'après lui, est le système capitaliste. Il n'aperçoit rien qui soit dans le système économique capitaliste conforme aux lois de la nature comme le croyaient les représentants de l'économie politique classique, mais uniquement une organisation sociale créée par l'homme. Les adversaires d'Owen croyaient, eux aussi, à l'ordre naturel, seulement ils pensaient qu'il était déjà réalisé. Owen ne le pensait pas; au contraire, pour que son but soit atteint, pour que l'homme puisse recevoir une meilleure éducation et pour qu'il vive dans un meilleur milieu, Owen demande la suppression du système économique en question. Il veut, en conséquence, que l'organisation économique future soit changée de façon fondamentale, et notamment sous deux rapports, qui constituent vraiment les deux piliers sur, lesquels est construit le système économique moderne : Owen répudie la concurrence de l'économie privée et les profits des entrepreneurs.

Ceci étant donné, les conclusions qui en résultent et qui concernent les mesures pratiques sont également données : une société socialiste remplacera la société fondée sur l'économie privée, on remplacera la production individuelle par la production en commun, basée sur l'association. On supprime en effet la concurrence et on arrive aussi à ce résultat que le profit de l'entrepreneur passe dans les poches des producteurs, c'est-à-dire des membres de l'association. Ces idées d'un mode de production socialiste naissent pour Owen d'une façon spontanée de la grande production capitaliste dans laquelle il vivait.

Comme il s'agit surtout pour nous de saisir l'esprit dans lequel Robert Owen avait conçu son système social, il importe par conséquent, pour compléter cette esquisse, de montrer les *moyens* qu'il voulait employer pour atteindre son but. Ces moyens sont, en substance, l'entente et l'harmonie générale de tous les hommes: il faut leur prêcher la vérité et la beauté de cette nouvelle organisation, et, de cette façon, éveiller en eux le désir de posséder cette organisation. Owen ne s'arrête même pas à cette pensée que les hommes, une fois éclairés sur les merveilles de la société nouvelle et sur la façon merveilleuse dont ils pourraient vivre dans cette société, pourront ne pas en vouloir ou n'être pas à même de la réaliser. Une fois le savoir répandu, la volonté et le pouvoir sont données par cela même, Le régime nouveau peut donc se réaliser à n'importe quel moment : le socialisme peut s'emparer du monde « comme un voleur pendant la nuit », dit Owen, Il n'y faut que du savoir, et ce savoir peut, comme un éclair, illuminer l'intelligence de l'homme. Cette conception particulière des voies et moyens est un des traits les plus caractéristiques par lesquels se distinguent également les systèmes d'Owen et de tous les autres socialistes utopistes.

Si nous jetons un coup d'œil d'ensemble sur ce système, nous trouvons dans un milieu prolétarien le point de départ de la critique des rapports sociaux actuels. Nous trouvons ensuite que la philosophie sociale du XVIIIᵉ siècle était la base sur laquelle le système s'élevait. Comme revendication, nous trouvons la suppression du système économique capitaliste et le remplacement de la production individuelle par une production fondée sur l'association ; et enfin, comme voies et moyens : la croyance au progrès des lumières. Nous ne pouvons pas examiner ici la façon dont Owen s'est efforcé ensuite de réaliser son plan dans les détails, ni comment il a créé New-Lanark, et comment tous ses projets ont échoué, De même, nous ne pouvons pas nous occuper des grands résultats qu'il obtint en diminuant la durée du travail, en réduisant le travail des femmes et des enfants, en perfectionnant et en rendant plus facile la production dans ses fabriques, où commençait à fleurir dans la fraîcheur morale et intellectuelle une génération nouvelle ; non plus que de ce fait qu'il fut le père du coopérativisme anglais, Nous n'avons voulu qu'élucider sa signification pour le mouvement social, et elle consiste avant tout en ce qu'il crée le premier, au moins dans ses grandes lignes, ce qui est devenu ensuite l'idéal du prolétariat ; car nous ne devons jamais perdre de vue que tous les germes du développement ultérieur du socialisme sont contenus dans le système d'Owen,

Si maintenant, après avoir donné en grandes lignes une esquisse du système d'Owen, vous me permettez de résumer en quelques phrases l'essentiel du socialisme utopique en le rattachant à ce système, je dirai : Owen et les autres utopistes sont des *socialistes*, premièrement, parce que leur point de départ est une critique de la société en se plaçant au point de vue du prolétariat. Ils la puisent directement dans le milieu capitaliste: dans la fabrique comme Owen, dans le commerce comme Fourier. Ils sont ensuite socialistes, parce que non seulement leur point de départ est prolétarien, mais parce que leur but aussi est socialiste en ce sens qu'ils veulent mettre à la place de l'économie privée la production en commun, c'est-à-dire une organisation sociale à contenu nouveau, qui n'est plus l'entreprise privée et le partage du produit, entre l'entrepreneur et l'ouvrier, mais qui est basée sur la production par des associations, sans concurrence et sans entrepreneurs. Mais pourquoi ces socialistes sont-ils utopistes ? Et en quoi se différencient-ils des théoriciens que nous étudierons comme les représentants du socialisme scientifique ? Owen, Saint-Simon, Fourier et tous les autres sont utopistes, parce qu'ils ne tiennent pas compte des *facteurs réels de la vie sociale*. De vrais enfants de ce XIIIᵉ siècle aimable et idéaliste, qu'on a dénommé non sans raison le siècle du savoir et des lumières.

Je vous ai déjà montré comment, dans le système d'Owen, cette croyance au progrès des lumières, à la puissance du savoir, du bien moral, était la note prédominante. C'est en cela, en effet, que consiste l'utopie : on considère comme agissant et donnant impulsion des facteurs qui, en fait, ne constituent .ni la vie sociale, ni le monde réel. Cette croyance nous induit en erreur de deux façons : elle comporte, d'une part, une fausse conception du présent et du passé, et nous illusionne, d'autre part, sur les conditions de l'avenir. Elle trompe d'abord, en tant que ses partisans croient que l'ordre actuel des choses n'est qu'une erreur, que les hommes se trouvent dans la situation actuelle, que la misère règne dans le monde, uniquement parce que l'on ne *savait* jusqu'à présent trouver rien de meilleur. Et cela est faux. Les utopistes méconnaissent dans leur bonne foi qu'il y a dans chaque société des groupes d'hommes qui ne veulent aucun changemen4 parce qu'ils ont *intérêt* à ce que cette organisation soit maintenue.

Ils méconnaissent ensuite ce fait qu'une organisation sociale n'existe que parce que ceux qui y sont intéressés possèdent aussi la *force* pour la maintenir. Toute organisation sociale n'est que l'expression, à un moment donné, des rapports de puissance qui existent entre les différentes classes de la société. Et maintenant jugez vous-même jusqu'à quel point il fallait méconnaître la réalité et tenir peu de compte de la puissance des adversaires pour croire que l'on pourra par des sermons et par des promesses persuader aux puissants d'abandonner leur position.

De même qu'ils font trop peu de cas de la puissance des adversaires, les utopistes exagèrent trop leurs propres forces, leur propre pouvoir et deviennent par cela même, utopistes par rapport à l'avenir. Ils croient vraiment que l'on n'a qu'à étendre la main, qu'il suffit d'une résolution courageuse pour faire une réalité du royaume de l'avenir. Ils exagèrent le pouvoir des hommes qui doivent instaurer la société nouvelle. Ils oublient, ou ils ne savent pas, que seul un processus de transformation lente peut créer les hommes et les choses qui rendront possible l'organisation sociale nouvelle.

Et maintenant, examinons la conclusion que les utopistes tirent de leur conception pour ce qui est le côté pratique du mouvement social, c'est-à-dire la *tactique particulière* qu'ils recommandent pour arriver à l'ordre nouveau des choses. Il ressort déjà de ce que nous avons dit en quoi doit consister son centre de gravité : dans un appel à la bonne volonté de tous les hommes. On n'attend pas d'une classe déterminée et qui a intérêt au changement, mais de tous les hommes, qu'ils voudront ce qui est bien, pourvu qu'ils aient été suffisamment éclairés. On suppose, en effet, que ce n'est que l'ignorance de l'adversaire qui l'empêche d'accepter le mieux franchement et volontairement, de se débarrasser de sa fortune et de changer la vieille société en une société nouvelle. Le paradigme caractéristique de cette conception enfantine c'est ce fait bien connu de Charles Fourier restant chez lui tous les jours de midi à une heure pour y attendre le millionnaire qui devait lui apporter l'argent nécessaire à la construction du premier phalanstère ! Personne n'est venu.

Cette foi dans l'empressement que les puissants mettraient à faire des concessions est liée de la façon la plus étroite à l'antipathie contre toute pression violente, contre toute sommation et toute revendication. Aussi trouvons-nous comme noyau de la tactique des utopistes le refus de reconnaître la lutte de classes et de faire de la politique. Comment pourrait-on en effet mettre d'accord ces moyens d'action avec leur conception, comment pourrait-on arracher par la lutte une chose dont les beautés devaient être *prouvée*s, par la persuasion ou tout au plus par des exemples ? Et de même qu'il repousse la politique, le socialisme utopique prend une attitude hostile à l'égard des tendances que nous avons l'habitude d'appeler le mouvement économique ouvrier. C'est toujours la même idée : à quoi bon une organisation syndicale de combat ayant pour but d'obtenir des conditions de travail meilleures, si l'important consiste à propager des vérités nouvelles qui porteront le salut ? Robert Owen organisait, il est vrai, des trades-unions en Angleterre, mais leur but devait consister en dernière instance à faire de la propagande pour ses théories socialistes et non pas à amener une lutte pleine de difficultés contre la classe des entrepreneurs.

Rejeter la lutte de classes, la politique et le mouvement économique ouvrier, remplacer tout cela par la propagande orale et écrite et par l'exemple, voilà quel est l'essentiel de la tactique des socialistes utopistes. Comme j'ai essayé de vous le montrer elle était la conséquence nécessaire de leur système.

Il faut nous garder de croire que l'esprit du socialisme utopique ait, tout à fait disparu avec ses grands représentants historiques. Il n'en est rien. Il ne se passe pas de jour sans que réapparaisse dans tel écrit ou dans tel discours l'ordre d'idées que nous avons reconnu comme formant la substance même du socialisme utopique. Son esprit continue à vivre aujourd'hui encore, surtout dans les cercles des politiciens sociaux bourgeois bien-pensants, et il n'est pas encore mort non plus dans le prolétariat. Nous verrons dans la suite comment il a reparu plus tard grâce à un croisement.

Chapitre III

La préhistoire du mouvement social

> « Cette grande classe muette gît ensevelie profondément comme Encelade qui, pour se plaindre de ses douleurs, est forcé de provoquer des tremblements de terre. »
> - Thom. Carlyle ; *Le chartisme.*

Après avoir entendu développer les idées des premiers socialistes, vous vous posez probablement tous la question suivante: que devenait, que faisait le prolétariat lui-même au moment où ces esprits si nobles imaginaient et annonçaient pour leurs frères souffrants un monde meilleur, un monde nouveau ? Quel est le *commencement du mouvement social* dont le porteur est la masse elle-même ?

Longtemps, longtemps encore - telle doit être la réponse - après qu'on a déjà beaucoup discuté et beaucoup écrit sur là situation du prolétariat et sur son avenir, longtemps encore les idées nouvelles n'ont sur lui la moindre influence; il les ignore et ne s'en soucie guère mais se laisse mener par d'autres forces, par d'autres motifs.

Les systèmes de St-Simon, de Fourier et d'Owen n'ont eu aucune action sur les masses, ou n'en ont eu que très peu.

Si nous interrogeons les masses, si nous nous demandons quelle a été leur destinée – jusque vers le milieu de notre siècle - nous voyons le prolétariat traverser à cette époque, si je puis m'exprimer ainsi, une sorte de *préhistoire du mouvement social*. Cette période se déroule partout, c'est-à-dire, dans tous les pays capitalistes, d'une façon uniforme ; partout elle présente la même physionomie. Elle est caractérisée par les traits suivants : le mouvement des masses n'est pas encore prolétarien, là où ces masses ont la conscience nette du but qu'elles poursuivent, tandis que cette conscience et cette netteté manquent là où il existe un mouvement prolétarien. Autrement dit dans les mouvements conscients auxquels nous voyons le prolétariat prendre part, ce sont d'autres éléments sociaux qui déterminent le but: des éléments bourgeois ; et là où le prolétariat veut devenir indépendant, il montre encore le manque de maturité d'une classe en voie de formation, n'ayant encore que des instincts et incapable de formuler des revendications fermes et un but précis.

Les événements historiques, dans lesquels le prolétariat a joué un rôle sans qu'ils présentassent les caractères de mouvements prolétariens, sont ceux qui se rapportent aux années: 1789, 1793, 1830, 1832, 1848 ; je suis forcé de commencer au siècle dernier, à cause des rapports intimes qui unissent ces époques. Nous avons ici devant nous des mouvements *bourgeois* dans leur essence même ; on y lutte pour la liberté civile ; si nous y rencontrons des éléments prolétariens, c'est que ce ne sont que les masses qui livrent les batailles de la bourgeoisie ou de la petite bourgeoisie. Le caractère purement bourgeois de ces mouvements ayant été méconnu par tant d'historiens célèbres - n'applique-t-on pas souvent les étiquettes de communisme et de socialisme à ces grands mouvements bourgeois et petits bourgeois ? - il vaut vraiment la peine d'élucider en quelques mots tout ce que cette manière de voir a d'inexact.

Nous devons pour cela envisager isolément les différents mouvements qui se rattachent à ces dates, car chacun d'eux présente des caractères essentiellement distinctifs. Si nous nous rendons tout d'abord compte du contenu des mouvements de 1789 et de 1793, de ces mouvements qui forment la grande révolution française, la révolution de 1789, sera même pour un myope, une révolution purement bourgeoise et notamment une révolution de la grande bourgeoisie. C'est la lutte de la grande bourgeoisie pour faire reconnaître ses droits et pour se délivrer des privilèges des classes dominantes de la société, des liens par lesquels la féodalité la tenait enchaînée. Ce mouvement se faisait, il est vrai, au nom de la revendication de l'égalité et de la liberté, mais dans ce sens « *qu'eux*, les bourgeois, leur donnaient : l'égalité, avec la restriction de l'égalité devant la loi ; et quelle liberté ? Regardez les premières lois qui devaient avoir une action profonde, les premières lois sociales qui ont été faites en France sous le régime nouveau. Il s'en dégage autre chose qu'un esprit « populaire », encore moins un esprit « favorable aux ouvriers ». On voit de prime abord qu'elles n'ont pas été faites par les masses pour les masses, mais par des bourgeois distingués qui se mettaient en opposition nette avec la «canaille.» Déjà la célèbre loi martiale du 20 octobre 1789, et qui est une loi sur les « émeutes », met à nu cet antagonisme en parlant « des bons citoyens » qui doivent être défendus par des mesures policières sévères contre « les gens mal intentionnés » : « si la masse ne se disperse pas après sommation, la force armée doit intervenir ». On a voulu mettre fin aux équipées des gens de la rue pour que l'acier meurtrier ne puisse une seconde fois s'égarer dans la poitrine d'un honorable boulanger, lorsque le peuple voudrait s'emparer des boulangeries sans autorisation d'en haut.

L'esprit bourgeois doctrinaire s'exprime encore dans une autre loi importante des premières années de la révolution, Je parle de la *loi sur les coalitions* du 17 juin 1791. Cette loi punit, comme une atteinte à la liberté et aux droits de l'homme, d'une amende de 500 livres et de la privation pour un an des droits de citoyen actif, toute association entre gens du même métier ayant pour but de s'entendre sur leurs « prétendus » intérêts communs. Il est vrai qu'elle s'appliquait également aux patrons et aux ouvriers, ou plutôt aux maîtres et aux compagnons ; mais tout le monde sait comment cette égalité crée les inégalités les plus criantes.

Alors s'opère la première consolidation de la société nouvelle. C'est la constitution du 3 novembre 1791 qui marque d'une façon claire et nette, par l'introduction du cens électoral, la séparation entre la classe dominante, les possédants, et la classe dominée, les non possédants : il y a désormais ceux qui « jouissent de tous les droits de citoyen » et les citoyens de deuxième ordre.

On voit donc là avec évidence que la révolution de 1789 a été tout autre chose qu'un mouvement prolétarien. On pourrait douter davantage pour ce qui est du mouvement de 1793. Aussi a-t-il été avec prédilection qualifié de « communiste » par nos grands historiens, comme Sybel. Les hommes de la Montagne deviennent à. leurs yeux les précurseurs de la démocratie socialiste; et encore tout récemment on affirmait dans un petit écrit publié par le professeur H. Delbrück, de Berlin, dans la bibliothèque ouvrière de Göttingue, que les chefs du mouvement étaient des socialistes, et qu'au fond le socialisme n'a élaboré aucune idée nouvelle depuis Saint-Just et Robespierre ! Je ne puis considérer cette manière de voir comme ayant un fondement solide. Examinons-la de plus près.

Je prétends que le mouvement de 1793 n'est pas du tout prolétarien. Certes, c'est à cette époque que se fait jour - et c'est là probablement la cause de si nombreuses erreurs - ce courant secondaire qui a été toujours inhérent à la révolution française ; je parle du courant *démocratique*. Il existe dès son commencement. Il se manifeste déjà en 1789 lors des élections aux États généraux et atteint son épanouissement complet en 1793.

En feuilletant les « Cahiers » et les «Doléances» de 1789, ces listes de vœux que les électeurs avaient l'habitude de transmettre à leurs représentants, surtout ceux de Paris et de Lyon, vous y trouverez déjà une note tout à fait particulière, peu en harmonie avec les façons aimables et officielles des hommes du Jeu de Paume. La misère matérielle sévit - ce fut un mauvais hiver que 1788 à 1789 - et on se plaint de ne pas la voir adoucie par une constitution libre. « La voix de la liberté ne dit rien au cœur du malheureux qui meurt de faim ». On demande déjà du travail et une taxe sur le pain, la suppression du repos dominical et des jours de fête. Tout le monde sait que la même disposition se retrouve ensuite dans les écrits de Marat. L'« Ami du peuple » tonne contre les « aristocrates » et se met au service du « peuple ». Il reconnaît que la liberté et l'égalité ne servent de rien à la grande masse des « pauvres » et Marat en conclut que « l'égalité des droits mène à l'égalité des jouissances et que sur cette base, seule la pensée peut se reposer ».

Ensuite on demande l'établissement des taxes et le « minimum ». Mais, je vous le demande, est-ce que ce mouvement est pour cela prolétarien et socialiste ? Pourrait-il l'être ? Envisageons un peu ceux qui en sont les représentants.

Comme on le sait, c'est à Lyon et à Paris que se trouvent les foyers de ce courant secondaire, démocratique. Il est vrai qu'il existe un prolétariat à Lyon, le prolétariat de l'industrie de la soie. Nous possédons une statistique pour l'année1788-89. Il y avait à Lyon, à cette époque, 410 maîtres-marchands-fabricants, 4.202 maîtres-ouvriers, 1.796 compagnons et environ 40.000 ouvriers des deux sexes. Nous devons donc, sans aucun doute, supposer ici l'existence d'intérêts et d'instincts prolétariens fortement développés ; néanmoins le caractère particulier de l'industrie de la soie à Lyon les cache. Elle avait déjà à cette époque un caractère propre qu'elle a conservé jusqu'à nos jours, un caractère nettement petit bourgeois, avec même une certaine manie de singer la grande bourgeoisie, et cela pour deux raisons. D'abord, grâce aux particularités de son organisation, par ce fait qu'elle ne travaille pas dans de grandes usines, mais dans de petits ateliers, sous la direction de maîtres indépendants. Ceci donne lieu à la création d'une classe de petits patrons, qui forment un moyen terme entre l'entrepreneur et l'ouvrier et qui sont peu portés à marcher avec le prolétariat.

Deuxièmement, parce que l'industrie de la soie à Lyon est une industrie de luxe. Et l'industrie de luxe est, par sa nature, surtout aux époques qui précèdent la nôtre, anti-révolutionnaire : les hommes de la Montagne ne portaient pas de bas de soie. C'est à cause de cela que nous trouvons Lyon - ce qui est très compréhensible - une fois la première ivresse passée, à côté de la Vendée, à la tête de la contre-révolution et cela déjà en 1790.

Au fur et à mesure que Lyon devient anti-révolutionnaire, Paris s'avance au premier plan avec ses faubourgs : de nouvelles masses en sortent continuellement, les armées de sans-culottes. Quels sont ces hommes ? Certes, il y a aussi des salariés parmi eux. Mais ceux-là portent encore les traces du métier dont ils sont sortis et dont ils sont toujours entichés, grâce à l'organisation particulière des industries parisiennes. Ce ne sont pas les ouvriers salariés qui forment la grande masse des sans-culottes. Elle est formée plutôt par la *petite bourgeoisie.* En font partie, premièrement, les maîtres qui n'appartenaient pas aux corporations, qui habitaient le faubourg Saint-Antoine et le faubourg du Temple ; deuxièmement, des compagnons, et, troisièmement, la catégorie très importante des gens que les Français appellent « la boutique », petits commerçants, cabaretiers, etc. Tels sont les éléments dont est composée la masse qui suit Danton, Robespierre, Marat. Et les chefs *eux-mêmes* ? Quel est leur état d'esprit ? Eux aussi, ils sont en définitive de sang petit bourgeois. Ce sont des radicaux très avancés, des individualistes extrêmes. Ni leur idéal, ni leurs tendances ne sont, au point de vue de notre façon de voir actuelle, socialistes, ou prolétariens. La Constitution de 1793 ne déclare-t-elle pas, dans l'article 2, comme droit de l'Homme : l'Egalité, la Liberté, la Sûreté et la *Propriété.* Ceci n'est ni prolétarien, ni socialiste, et c'est à cause de cela que toutes les affirmations relatives à un mouvement communiste à cette époque sont à rejeter. Je me suis arrêté plus longtemps à cette révolution de 1793 pour vous montrer par un exemple combien il est téméraire de parler de Socialistes et d'un mouvement social, c'est-à-dire d'un mouvement prolétarien, dès qu'il y a du bruit et que l'on se bat quelque part.

Je ne puis m'arrêter que peu de temps aux autres mouvements de la « préhistoire ». Il est vrai que la conspiration de Baboeuf, de 1796, avait une empreinte communiste dans son programme ; mais elle était, comme on le sait aujourd'hui, sans attaches avec les masses, qui étaient enfin lasses de révolutions.

Le caractère de grande bourgeoisie de la révolution de juillet 1830 en France, et du mouvement de 1848 en Allemagne, est manifeste. Dans les deux cas la bourgeoisie est en lutte avec la puissance féodale. Celui de la révolution de 1832 en Angleterre et de la révolution de février 1848 en France, saute mieux aux yeux, car ce sont des mouvements bourgeois contre lesquels est dirigée l'agitation. Il n'en est pas moins vrai que le mouvement de 1832, en Angleterre, et la révolution de février, en France, ne sont pas des mouvements prolétariens; c'est plutôt la lutte d'une partie de la bourgeoisie - surtout des industriels radicaux - contre une autre, la haute finance. Ce sont les mêmes antagonismes que nous retrouvons actuellement en Italie, dans l'opposition de l'industrie radicale de la haute Italie contre la haute finance pourrie et à moitié féodale représentée par Crispi.

Tels sont les mouvements de notre siècle, caractérisés par la conscience nette du but qu'ils poursuivent.

Le prolétariat a pris part à tous ces mouvements. Derrière toutes les barricades, de 1789 jusqu'à 1848, nous trouvons des ossements de prolétaires ; mais pas un seul des mouvements que nous venons d'énumérer n'a été un mouvement prolétarien dans notre sens, un mouvement social.

Là, où le prolétariat lutte pour lui-même et où il défend ses propres intérêts, nous ne saisissons d'abord que des gémissements sourds et étouffés ; et un long temps s'écoule avant que ces gémissements deviennent des cris, et que dans ces cris soient perceptibles des revendications communes et des programmes. Les *premiers mouvements prolétariens*, les mouvements de cette masse misérable et profondément ensevelie sont, d'après le mot de Carlyle, comme le mouvement d'Encelade, qui, lorsqu'il veut se plaindre de ses douleurs, doit provoquer des tremblements de terre ! Ce sont des mouvements purement instinctifs qui ne voient que ce qui se trouve immédiatement devant eux et qui se ruent sur ce qui leur parait, d'une façon palpable, se trouver sur leur route. Ils se manifestent au début, la plupart du temps, par des actes de brigandage et de pillage. Leur but est d'anéantir l'ennemi en détruisant d'une façon quelconque sa propriété. Les cas de destruction et de pillage de fabriques en Angleterre, vers la fin du siècle dernier et le commencement de ce siècle, fourmillent. On punissait de mort, en

1812, en Angleterre, la destruction des fabriques et c'est là la meilleure preuve de la fréquence de ces crimes. Nous voyons dans les autres pays des événements analogues. Je veux parler de l'incendie de la fabrique d'Uster, en Suisse, en 1832, des émeutes de tisserands en Allemagne, entre 1840 et 1850, et, en France, de l'émeute des tisserands en soie à Lyon, en 1831. Ce dernier événement se distingue des autres mouvements du même genre, parce qu'il adopta, comme principe directeur, une devise que nous pouvons considérer comme étant inscrite à la porte d'entrée du mouvement prolétarien: « vivre en travaillant, ou mourir en combattant ! » C'est là la formule première et timide encore des tendances prolétariennes, car ce cri de guerre exprime négativement et positivement une proposition de morale vraiment socialiste et prolétarienne. Personne ne doit vivre sans travailler, tel est l'énoncé négatif : mais aussi celui qui travaille doit-il pouvoir vivre, c'est là la partie positive. Telles sont les premières formes des mouvements prolétariens : la lutte contre les choses immédiatement saisissables, dans lesquelles l'adversaire est en quelque sorte incorporé ; la lutte contre les fabriques, contre les machines, que l'on détruit, parce que l'on voit qu'elles font la concurrence aux ouvriers manuels ; contre les habitations des entrepreneurs, qui leur paraissent être les châteaux-forts des maîtres nouveaux.

Il faut déjà considérer qu'il y a progrès, lorsque ces choses immédiatement saisissables se trouvent remplacées par les rapports juridiques qu'elles cachent, et qui constituent l'économie capitaliste, la libre concurrence dans la production. C'est donc une étape nouvelle dans le mouvement du prolétariat, lorsque celui-ci commence à revendiquer la suppression de ces institutions modernes. Ainsi, en Angleterre, le prolétariat lutte pendant longtemps, vers la fin du siècle dernier et au commencement de ce siècle, pour le rétablissement des règlements industriels d'Elisabeth. Ces règlements prescrivaient que tout maître ne peut avoir qu'un apprenti sur trois compagnons. Le temps d'apprentissage devait être limité à sept ans, le salaire était fixé par le juge de paix, etc. C'est une sorte de cramponnement instinctif à un rempart que l'on voyait disparaître.

Mais cette tendance est encore peu claire au début; néanmoins nous trouvons en substance dans toute la préhistoire du prolétariat ce trait commun a tous les mouvements de s'attacher aux vestiges des institutions qui restent du bon vieux temps. Ainsi, en Allemagne par exemple, le mouvement ouvrier de 1848 est aussi caractérisé par de nombreuses tendances ayant pour but de rétablir les vieilles corporations. Et tout cela rentre dans la préhistoire, parce que ce qui devrait, à proprement parler, constituer le but du prolétariat y manque.

C'est aussi à la « préhistoire » qu'appartient ce grand mouvement bien connu que l'on s'est accoutumé à désigner souvent, comme le premier mouvement socialiste et prolétarien : le *mouvement chartiste en Angleterre*, en 1837-48.

Il se distingue, il est vrai, des soulèvements momentanés des masses dont nous venons de parler en ce qu'il a une durée de plus de dix ans et qu'il semble être un mouvement organisé. Et c'est sans aucun doute un mouvement purement prolétarien, et, si vous le voulez, le premier mouvement prolétarien organisé, car ce sont de vrais prolétaires dont sont composées les masses principales des chartistes. Il l'est aussi en ce sens que toutes ses revendications découlent directement de la situation du prolétariat ; c'est au premier plan l'action des ouvriers de fabrique exploités, en vue d'améliorer leur situation matérielle. Je vous rappelle les célèbres paroles du docteur Stephens qui criait aux masses : « La question qui nous intéresse n'est autre chose qu'une question de couteau et de fourchette. » Le mouvement chartiste est aussi prolétarien en ce que l'antagonisme entre le travail et le

47

capital s'y fait jour souvent et d'une façon nette. Le « gouvernement » et la « classe dominante » s'identifient avec les classes capitalistes. Cette identité trouve son expression dans la haine, naturelle contre les entrepreneurs qui, à cette époque, était déjà accumulée dans les masses et qui devient un cri de guerre. Les paroles d'O'Connor; « à bas ces misérables qui boivent le sang de vos enfants, qui font de la misère de vos femmes un instrument de volupté et qui se rassasient de vôtre sueur », nous rappellent nettement la phraséologie des réunions publiques prolétariennes contemporaines. Ensuite le fait de mettre en avant les droits du travail est un fait tout à fait prolétarien ; déjà à cette époque on lutte pour le droit au produit intégral du travail, pour la « plus-value » qui s'écoule dans les poches des entrepreneurs.

L'indifférence croissante à l'égard des revendications bourgeoises, comme par exemple la suppression des droits sur les céréales, doit être également considérée comme marquant le caractère prolétarien du mouvement chartiste. Il est intéressant de voir comment le mouvement devient peu à peu indifférent à l'égard précisément des revendications les plus puissantes de la bourgeoisie ; défendues encore au début du mouvement, elles sont enfin complètement jetées par dessus bord. Nous retrouvons aussi le caractère prolétarien dans la forme de la lutte. Ainsi, à cette époque déjà, la grève générale est considérée comme un moyen de lutte. C'est là encore une pensée qui ne pouvait prendre naissance que dans un mouvement purement prolétarien. Donc, sans aucun doute, pour ces raisons et pour d'autres, nous avons affaire dans le mouvement chartiste à un mouvement prolétarien. Et si malgré tout, je le classe dans la « préhistoire », je le fais parce que je n'y aperçois pas le programme nettement formulé d'un mouvement social prolétarien, parce que je n'y vois pas de but nettement défini que l'on se propose d'atteindre. Ce qui sert de programme au mouvement chartiste: c'est la *Charte*, et la Charte ne contient rien des revendications vraiment socialistes, mais uniquement un ensemble de réformes parlementaires et rien de plus. Elle ne représente qu'une sorte de programme de pis aller, un programme auquel on se cramponne parce qu'on ne trouve rien de mieux, et qui a été emprunté à la démocratie bourgeoise radicale. C'est *O'Connell* qui l'a transmis au prolétariat: « suffrage universel, vote secret, circonscriptions électorales d'égale grandeur, traitement des députés, pas de propriété pour être député, législatures courtes ». C'est pourquoi le mouvement chartiste doit être distingué, précisément à cause de son programme peu défini, des mouvements prolétariens postérieurs à caractère socialiste, quelque prolétarien d'ailleurs que puisse paraître son moyen et quelque prolétarien que soit l'esprit qui le domine. Si j'insiste là dessus, c'est qu'il y a des hommes, comme M. Brentano, qui connaissent à merveille l'histoire d'Angleterre et qui assimilent purement et simplement le mouvement chartiste à celui, par exemple, de la démocratie socialiste allemande. Cette manière de voir attache trop d'importance à la forme extérieure, qui présente dans les deux cas une ressemblance, en ce que les deux mouvements poursuivent la conquête de la puissance politique. En réalité, c'est le contenu, très différent dans les deux cas, qui devrait servir de point de départ pour caractériser un mouvement social.

Ce qui caractérise la « préhistoire » du mouvement social est, comme je l'ai déjà dit, sa grande uniformité. Les mouvements et les tendances que je vous ai indiqués comme caractérisant la « préhistoire », se retrouvent presque partout où l'on peut parler de mouvement social.

La différentiation du mouvement social ne commence à se faire sentir qu'au passage de la préhistoire à l'histoire. Autant les débuts se ressemblaient, autant diffère maintenant le développement ultérieur.

Je distingue trois types, et je les appelle pour plus de simplicité : le type anglais, le type français et le type allemand. J'appelle type anglais du mouvement ouvrier, le mouvement qui se distingue essentiellement par son caractère non politique, purement syndical et économique. Je comprendrai sous le type français, celui dont le trait distinctif est ce que j'appelle le révolutionnarisme ou l'excitation à l'émeute (Putschismus), c'est-à-dire un système de conjuration uni à la guerre des rues ; et enfin, sous le type allemand, le mouvement ouvrier politique, parlementaire et légalitaire.

Ce sont là les trois courants distincts que présente actuellement le mouvement social. Ce sont eux qui développent, pour une vie indépendante, l'ensemble, pour ainsi dire, des germes vitaux que le mouvement social contient ; ce sont eux qui développent les différents « principes » de ce mouvement. Plus tard, nous verrons comment après avoir, pour ainsi dire, vécu jusqu'au bout ce qui constituait son caractère propre chez les différentes nations, le mouvement social tend de nouveau à une uniformité plus grande.

Avant d'essayer de rechercher ces différentes particularités nationales, il serait peut-être utile de toucher à un point qui est décisif pour leur complète intelligence. Je parle de l'*attitude* qui nous est imposée à l'égard de cette diversité dans le mouvement social par nos *principes scientifiques.* Il est conforme à la manière de voir ordinaire d'établir en décrivant ces différences, une distinction entre ce que l'on appelle le mouvement normal et le mouvement anormal. Cette distinction s'identifie, dans la conception courante, avec celle qui existe entre les tendances de la classe ouvrière anglaise et celles de la classe ouvrière continentale. On se plaît à appeler normal et raisonnable le mouvement anglais, essentiellement syndical, et à qualifier d'anormal, d'irraisonnable, le mouvement continental, à caractère plus politique. Quelle sera notre position dans cette question ? Je crois que l'on commet deux erreurs en établissant ces distinctions : une erreur de méthode et une erreur de fait. Lorsque la science prononce des jugements tels qu'elle semble vouloir en quelque sorte intervenir dans les événements historiques, cela s'appelle, selon moi, dépasser les limites que le savant a le devoir de se tracer. On présente comme savoir objectif ce qui n'est que purement subjectif, ce qui n'est qu'une appréciation tout à fait personnelle d'un individu déterminé par certains intérêts ; on ne tient pas suffisamment compte des paroles de Hegel : « que la science vient toujours trop tard pour nous apprendre comment devrait être le monde ». Ici donc, nous avons affaire à ce que j'appelle une erreur de méthode. L'erreur de fait, on la commet en qualifiant de normal le courant le plus anormal qui ait jamais existé : le mouvement social anglais n'étant devenu ce qu'il est que grâce à une série de circonstances spéciales et exceptionnelles. Car, en prenant comme mesure objective la marche normale du développement capitaliste moderne, et c'est en effet l'unique mesure que nous ayons à notre disposition, nous aurions plutôt le droit de dire que c'est le mouvement continental qui constitue le phénomène normal, et que c'est le mouvement anglais qui est anormal. Mais je pense qu'il serait plus digne de la science, en laissant tout à fait de côté cette division en « normal » et « anormal », d'essayer plutôt de rechercher *pourquoi* des formes différentes de mouvement social se sont manifestées dans les différents pays ; au lieu de se prononcer, d'*expliquer*. Telle au moins doit être dans la suite ma tâche : J'indiquerai les différences par lesquelles se distinguent les mouvements sociaux des différents pays et la raison pour laquelle ces différences existent.

Qu'est-ce qu'expliquer ? Il faut que nous nous entendions sur le sens de cette expression, car ici aussi et bien souvent l'on se trompe. Il va de soi que je ne pourrai faire sur ce sujet que quelques observations. Expliquer les événements sociaux cela signifie évidemment découvrir les causes qui les ont produits.

Mais il s'agit de savoir exactement trouver la trace de ces causes. Et il ne faut pas en outre qu'il nous arrive, comme à l'ordinaire, de cesser d'être réalistes. *N'est pas réaliste*, d'après nous, toute explication d'un phénomène social, qui, ne voyant que la surface des choses, déduit ce phénomène uniquement des motifs idéologiques et altruistes affichés par ceux qui jouent un rôle actif, qui fait trop peu de cas des intérêts, c'est-à-dire, dans la vie économique, des intérêts matériels, comme forces motrices, et qui, par conséquent, dans le monde social croit aux miracles.

Ainsi, pour rendre *mon point de vue plus compréhensible par un exemple*, je considère comme n'étant pas réaliste, c'est-à-dire n'étant pas conforme à la réalité, la formule qui sert d'habitude à explique le développement social de l'Angleterre. D'après cette formule les choses se seraient passées en Angleterre à peu près de la façon suivante.

Après que le prolétariat eût employé pendant quelques dix ans des procédés absolument brutaux, et cela dernièrement encore dans le mouvement chartiste, et qu'il eût mené, sous l'influence d'un matérialisme indigne, une lutte acharnée pour ses intérêts, il acquit tout d'un coup de bonnes manières vers le milieu du siècle, se réconcilia avec l'organisation économique existante et vécut en aussi bonne intelligence que possible avec les entrepreneurs, qui, eux aussi, ont acquis plus de noblesse de caractère.

Et tout cela parce qu'un esprit nouveau s'était emparé des hommes, parce qu'il s'était opéré dans les idées un revirement à la suite duquel l'économie politique individualiste et la conception utilitaire du monde se transformèrent en une conception sociale de la société, de la position et des devoirs des individus qui en font partie. Les hommes qui soutenaient et répandaient cet « esprit nouveau » étaient surtout Thomas Carlyle (1795-1881) et les « socialistes chrétiens » : Maurice Kingsley, Ludlow, etc. La doctrine de Carlyle se résume dans les propositions suivantes. Les malheurs qui ont fondu sur l'Europe - la révolution française, le chartisme - proviennent de ce que c'est l'esprit du Mal qui règne, du mammonisme, de l'égoïsme, d'où résulte l'oubli des devoirs. Il s'agit donc de réformer cet esprit. Le scepticisme doit de nouveau être remplacé dans le cœur des hommes par la foi, le mammonisme par l'idéalisme, l'égoïsme par le sacrifice, l'individualisme par l'esprit social.

Ce n'est pas l'individu qui doit être le centre de gravité, comme le veut la conception eudémoniste et utilitaire, mais c'est une fin sociale, une valeur objective, un idéal qui doit guider l'activité humaine. Ce point de vue de l'accomplissement des devoirs sociaux rendra plus nobles aussi les rapports entre le prolétaire et le capitaliste qui perdront de leur âpreté : que l'entrepreneur devienne plus humain, qu'il apprenne à être maître véritablement, et que l'ouvrier devienne plus maniable, qu'il apprenne à être serviteur véritablement. Les raisonnements des socialistes chrétiens sont analogues, seulement ils veulent que l'on déduise « cet esprit social nouveau » des enseignements du christianisme.

Ces doctrines, nous dit-on, ne sont pas sans exercer une influence. L'esprit social - qui aurait pu le croire ? - entre véritablement dans le cœur des hommes, le conflit social disparaît par cela même, la haine et la défiance sont remplacées par l'amour et la confiance. La « question sociale » est résolue ; on est, tout au moins « sur la voie de la paix sociale », le capitalisme est sauvé et le socialisme réduit en miettes.

Je ne veux rechercher que plus tard jusqu'à quel point les faits sociaux que l'on affirme ici correspondent à la réalité. Mais même en supposant qu'ils y correspondent de la façon la plus complète, que la concorde la plus parfaite règne dans Albion, cette explication hyperidéaliste peut-elle nous suffire ? N'éprouvons-nous, pas le besoin d'introduire dans cet enchaînement de causes et d'effets quelques motifs plus solides que les succès obtenus par les sermons de Carlyle ?

Il est évidemment impossible d'apporter des preuves « exactes » pour prouver la justesse de l'une ou de l'autre des deux conceptions ; ce qui décide en dernière instance, c'est l'ensemble de la conception de celui qui juge, c'est la valeur à laquelle il estime la nature humaine. Wallenstein et Max ne se laisseront jamais convaincre l'un par l'autre. Néanmoins aucun d'eux ne voudra jamais se priver de la possibilité de rendre, en donnant des raisons et en indiquant des faits susceptibles de pouvoir être déterminés exactement, la justesse de sa conception au moins plausible.

Pour ma part, je suis sceptique à l'égard de toutes les explications optimistes de l'histoire et je crois plutôt à

Wallenstein qu'à Max. Et si, poussé par cet abominable manque de confiance, je contemple, dans le cas qui nous occupe, d'un peu plus près le développement du mouvement social en Angleterre, l'idée qui en résulte pour moi prend en effet une forme absolument différente de celle que je vous ai exposée d'après la manière de voir courante. Je trouve, avant tout, bien peu de cet « esprit social » qui accomplit tant de miracles. Dans les institutions sur lesquelles repose le caractère propre du développement du prolétariat anglais - dans les syndicats et les coopératives - règne, à ma connaissance, un esprit très sain, très égoïste et très intéressé. Il n'y a peut-être pas d'institution sociale qui soit plus brutalement basée sur l'égoïsme - ce qui est très raisonnable - que les trades-unions. Lorsque je lis les plaintes attristées des socialistes chrétiens sur l'insuccès de leurs efforts, je puis très bien mettre cela en accord avec d'autres observations. Même en supposant que « l'esprit social » agisse dans une certaine mesure - il agit véritablement - devons-nous croire qu'il soit en état d'opérer un miracle et de transporter des montagnes ? Ou ne devons-nous pas supposer plutôt que le développement économique et politique, qui est précisément le domaine propre de l'égoïsme, est *fortement venu en aide* et a créé les conditions préalables pour qu'il puisse agir.

Tout ceci me vient à l'esprit et il en résulte que je ne puis nullement me contenter de Carlyle et de son « esprit social », et que je suis forcé d'essayer une explication *réaliste* de l'histoire, aussi bien pour l'Angleterre que pour tous les autres pays.

Cela n'est certainement point difficile. Examinons donc de quelle façon l'on peut, en tenant compte des facteurs qui, selon moi, déterminent réellement l'histoire, concevoir les variétés nationales du mouvement social comme les conséquences nécessaires de différentes évolutions déterminées ; ou, en d'autres termes, comment on peut les expliquer.

Chapitre IV

Variétés nationales

> Les États et les peuples...surgissent dans cette opération de j'esprit absolu, avec le principe déterminé qui leur est propre, et qui est exposé et réalisé dans leur constitution et dans ce qui constitue leur manière d'agir actuelle : c'est là le point de vue dont ils sont conscients ; et absorbés par les préoccupations que ce point de vue leur impose, ils sont en même temps les instruments inconscients de cette opération intérieure, dans laquelle ces formations s'évanouissent, mais grâce à laquelle aussi l'esprit en soi et pour soi prépare et élabore son stade suivant supérieur.
>
> - Hegel, *Rechtsphilosophie*, *§344*

Comment peut-on caractériser exactement dans ce qui lui est particulier, cette *variété* qui constitue le *mouvement ouvrier anglais ?*

Je crois qu'on peut le faire de la façon suivante : tout mouvement social révolutionnaire a disparu depuis environ 1850 ; c'est-à-dire qu'à partir de cette époque, le mouvement ouvrier reconnaît en principe les bases de l'organisation économique capitaliste et qu'il poursuit dans l'organisation économique actuelle l'amélioration du sort des ouvriers en fondant des caisses de secours, des coopératives et des syndicats. Les antagonismes entre les classes s'atténuent, l'ouvrier est considéré comme un homme par la « société » et même par les patrons. Il se produit incontestablement une amélioration dans la situation de la classe ouvrière anglaise. On établit une législation ouvrière sérieuse, etc. ; je néglige ce fait que cette « élévation » ne s'applique en réalité qu'à une aristocratie ouvrière, tandis qu'à côté, à Londres par exemple, une affreuse misère continue à. exister - il y a à Londres plus de 100.000 personnes assistées ; on dépense 125 millions de francs par an pour des œuvres de bienfaisance ; sur 5 personnes il y en a en moyenne une qui meurt dans des maisons de charité ou dans des hôpitaux publics, etc. - Mais n'insistons pas. Il est certain que certaines couches du prolétariat anglais ont considérablement amélioré leur situation.

Nous arrivons maintenant au point important : tout cela s'est effectué sans que les ouvriers aient eu besoin de faire de la « politique », sans que le mouvement ouvrier ait pris un caractère politique, c'est-à-dire, sans qu'un parti ouvrier indépendant se soit formé.

Si nous nous demandons quelles ont été les raisons de cette évolution, nous remarquons bientôt qu'il est impossible de comprendre son caractère particulier - quelle que soit la mesure dans laquelle l'esprit social y a collaboré - sans tenir compte de la situation économique et politique spéciale dans laquelle se trouve l'Angleterre de 1850 à 1880 environ.

On ne peut contester que la base de tout le développement social à cette époque n'ait été le monopole industriel de l'Angleterre, qui eut pour conséquence un essor immense dans le développement économique du pays. Quelques chiffres pour servir d'illustration. Le réseau des chemins de fer du Royaume-Uni était en :

1842 de   1.857 milles anglais.

1883 de   18.668 milles anglais.

le commerce maritime dans tous les ports britanniques était :

en 1842 de 935.000 t.

en 1883 de 65..000.000 t.

l'importation et l'exportation réunies s'élevaient :

en 1842 à environ   182 millions £

en 1883 à environ   732 millions £

Ceci signifie qu'il y avait possibilité - les autres nations n'étant pas en état de suivre avec une vitesse même approximativement égale - de donner au marché une extension qui correspondait à l'augmentation de la productivité, que les perturbations causées par les crises et l'encombrement des marchés étaient relativement rares.

Des conséquences importantes en résultent pour la classe ouvrière : une situation extrêmement favorable du marché du travail, une demande de travail toujours croissante, un chômage insignifiant, d'un côté ; disposition et possibilité de la part de l'entrepreneur qui empoche des profits en abondance de mieux rémunérer l'ouvrier et de le faire participer jusqu'à un certain point à cette abondance de richesses.

À côté de cette situation économique particulière dont ne pouvait plus bénéficier aucun autre pays, parce que les nations concurrentes, dont la puissance s'est accrue lui disputaient sa domination absolue sur le marché du monde, il faut prendre en considération la tournure spéciale qu'avait en Angleterre la *vie politique des partis*.

Celle-ci repose, comme on le sait, au moins depuis le commencement de ce siècle, sur une politique de balancement entre les deux grands uniques partis : les tories et les whigs. Tous deux poursuivent la conquête du pouvoir et s'en emparent à tour de rôle grâce à des concessions au progrès, grâce à une exploitation habile de la situation du moment que tantôt l'un et tantôt l'autre des deux partis saisit et domine avec plus d'adresse. Et ce *tertius gaudens* dans cette lutte pour le pouvoir, et plus tard la flèche de la balance, c'est la classe ouvrière. Il ne faut pas avoir l'esprit très pénétrant pour voir que, par exemple, toute la vaste législation ouvrière anglaise n'avait abouti que grâce à la rancune des tories, représentant surtout des intérêts agraires, contre les fabricants libéraux ; ou, si vous voulez supposer aux majorités parlementaires des motifs plus nobles, reconnaissez que la pensée de ne pas voir le prolétariat agricole soumis à des lois analogues a dû, tout au moins, singulièrement faciliter aux tories le vote des lois en faveur des ouvriers ! Plus tard, surtout depuis l'extension du droit de suffrage, la politique des whigs a pour but d'arriver au pouvoir ou de s'y maintenir à l'*aide des ouvriers*. Cela suppose naturellement des concessions faites bon gré mal gré aux ouvriers : même si, pour les raisons que nous venons d'indiquer, ces concessions n'avaient pas été si faciles à faire, et même si les patrons n'y avaient pas eu un intérêt direct.

Les *patrons* avaient sans doute intérêt – grâce encore à cette situation économique heureuse de l'Angleterre à cette époque sinon à ne pas soutenir directement, au moins à ne pas être hostiles aux efforts des travailleurs pour améliorer leur sort dans le cadre économique actuel.

Aussi les patrons reconnaissent-ils petit à petit les trades-unions et leur organisation : ils se déclarent prêts à traiter avec les représentants des ouvriers, ils consentent à être membres des tribunaux d'arbitrage, des tribunaux de conciliation, etc. Est-ce encore pour les beaux yeux des ouvriers ? Est-ce encore parce que Carlyle le leur avait conseillé, ou n'est-ce pas plutôt parce qu'ils considéraient que c'était leur intérêt ? Ne le faisaient-ils pas plutôt parce que les trades-unions conservatrices et aristocratiques formaient un rempart contre toute velléité de révolution, un rempart d'une sûreté et d'une résistance telles qu'aucune loi policière ne saurait en ériger un pareil ; ou parce que les tribunaux étaient un moyen très sûr pour prévenir les grèves et partant les perturbations dans la production, ce que l'on craignait par dessus tout, car la situation du marché était continuellement favorable et l'on pouvait chaque jour empocher pas mal de profit et, par conséquent, chaque jour de chômage dans la fabrique représentait un « *lucrum cessans* » sérieux ?

Et enfin pourquoi ne pas se prononcer eh faveur les lois sur la protection ouvrière, si même elles augmentaient un peu le coût de la production. Il était très facile de s'en faire rembourser le montant par les consommateurs dans le prix des marchandises. On pouvait compenser la diminution du temps de travail par l'augmentation de son intensité, et c'est à cause de cela que l'on avait intérêt à posséder de bons ouvriers que l'on payait volontiers plus cher. Ou bien on la compensait par des améliorations dans les méthodes de production et on se décidait facilement à les appliquer, car les capitaux étaient là en abondance et aucune limite n'était tracée à l'augmentation de la production, qui résultait de ces améliorations, ni à l'extension des débouchés. Enfin, on n'oubliait peut-être pas toujours qu'une bonne législation ouvrière était pour les grands entrepreneurs une arme de premier ordre pour ruiner les petits entrepreneurs, pour se débarrasser de leur concurrence ; on se souvenait de tout cela, toujours évidemment avec l'arrière-pensée qu'une extension de la production, qu'une augmentation de la productivité, qu'un agrandissement rapide de l'échelle de production, non seulement ne rencontreraient pas d'obstacles sur le marché, mais qu'ils étaient demandés.

Mais, pour que tout cela pût s'effectuer comme s'est faite, dans les circonstances indiquées plus haut, l'évolution sociale en Angleterre, avec tant de rondeur et d'une façon si commerciale, une chose encore était indispensable : *le tempérament particulier de l'ouvrier anglais.* C'est précisément parce que celui-ci est un être extraordinairement calme et pratique qu'il possède les aptitudes et les dispositions nécessaires pour toute politique qui ne lui demande pas de voir plus loin que son nez. « Toujours pratique » devint le mot d'ordre ; la politique sociale devint un « business », comme le commerce du fil de coton ou du fer. On ne trouve dans ces prolétaires, hommes d'affaires, rien de l'élan de l'ouvrier français, de l'esprit méditatif de l'ouvrier allemand, de l'entrain de l'ouvrier italien.

Cet esprit rusé et pratique se trouve surtout incorporé dans les vieilles trades-unions anglaises, qui comme je l'ai déjà dit, sont les représentations d'intérêts les plus rusées qui aient jamais existé. Diplomates habiles, coulants envers leurs supérieurs, les patrons, elles sont exclusives, dures et brutales envers les 4/5 d'*outsiders*, la couche d'ouvriers la plus pauvre. Les trades-unions sont des institutions vraiment commerciales et capitalistes, imprégnées de l'esprit froid et pratique de l'ouvrier anglais ; c'est là aussi certainement la cause de leurs grands succès.

Voici comment, d'après moi, sont déterminés les événements de l'évolution sociale en Angleterre depuis 1850 jusqu'à 1880. C'est un concours de circonstances extrêmement favorables au capitalisme qui entraîna la formation en Angleterre d'un mouvement exclusivement corporatif, de ce type spécifique que nous avons désigné sous le nom de type anglais. Outre cela, pas de mouvement social dans l'acception propre du mot, pas de lutte de classes, mais la « paix sociale » ou, au moins, un stade préliminaire de cette paix sur la base du système économique capitaliste.

Était-ce vraiment « la paix sociale » ? Ou bien n'était-ce peut-être qu'une cessation passagère de la lutte ? Ceci parait presque certain ; si tous les symptômes ne nous trompent pas, la « paix sociale » en Angleterre a fait son temps. Depuis que la suprématie anglaise sur le marché du monde a cessé, depuis que les couches inférieures de la classe ouvrière ont amélioré leur situation, le « mouvement social » réapparaît, le sentiment de solidarité prolétarienne s'éveille de nouveau et avec lui la lutte de classes, Et déjà, la politique ouvrière indépendante est à]'ordre du jour des congrès des trade-unions comme sujet de discussion, et, déjà, des théories et des revendications socialistes s'introduisent dans les masses encore intactes des trades-unions. Nous laisserons tout cela de côté. Je ne voulais qu'attirer l'attention sur le fait que l'on appelle avec raison l'époque de 1850-1880, époque de la formation du type anglais du mouvement ouvrier, l'époque de l'*armistice sociale*.

Que ce type continuera; même si ses particularités s'effacent peu à peu, à exercer une influence durable sur le développement ultérieur du mouvement social, ceci nous semble indubitable. Ce que la classe ouvrière anglaise laissera comme succession durable au mouvement du prolétariat c'est, abstraction faite de riches expériences dans le domaine de l'organisation des syndicats, la continuité, le sang-froid et la précision commerciale dans la façon d'agir de la classe ouvrière. C'est, en un mot, la méthode de mouvement empruntée au type anglais qui continuera à être appliquée par le prolétariat, si même la direction du mouvement doit être essentiellement différente.

Quittons maintenant le sol anglais. Nous traversons la Manche et nous passons en *France*.

Quel changement de décor en passant de l'Angleterre brumeuse, couverte de fumée et morne, avec ses habitants graves, froids et lourds, dans ce charmant pays de France, ensoleillé et pénétré de chaleur, avec son peuple à tempérament vif et léger.

Qu'est-ce que le mouvement ouvrier en France ? J'ai déjà indiqué plus haut certains de ses traits. Le peuple est en fermentation, en effervescence et en agitation continuelles depuis la « glorieuse » révolution du siècle dernier. Sans un moment de repos, des partis se forment pour se dissoudre ensuite ; le mouvement s'émiette en petites portions innombrables. Des actions isolées se précipitent sans interruption. La lutte pour la conquête de la puissance politique est tout d'un coup de nouveau supplantée par la lutte sanglante sur les barricades, par la conspiration, par l'attentat. Si nous voulons envisager dans toute sa netteté ce trait, qui actuellement encore se trouve dans le sang du prolétariat français, mais qui néanmoins est sur le point de s'atténuer et d'être supplanté, étouffé, il faut que nous remontions vers le passé et que nous nous souvenions de l'activité des clubs et des sociétés secrètes de 1830 jusqu'à 1848, que nous nous rappelions les batailles dans les rues, livrées avec tant d'héroïsme par te prolétariat de Paris en juin 1848 et en mai 1871. C'est comme une flamme intérieure qui dort continuellement dans les masses et leurs chefs, et qui, lorsqu'elle est ravivée, éclate en flambant et se propage destructrice. Le mouvement social en France a eu toujours quelque chose de maladif, de surexcité, de convulsif. Puissant, grandiose dans son impétuosité subite, il s'affaiblit et s'affaisse après les premiers échecs. Les regards toujours fixés au loin, toujours spirituel, il est tout aussi souvent fantastique et rêveur. Il est indécis dans le choix des moyens, mais toujours persuadé de l'efficacité d'une action prompte et brusque, par le bulletin de vote ou par le poignard, toujours plein de confiance dans les miracles de la révolution. C'est pourquoi j'emploie, pour caractériser le type français du mouvement, le mot *révolutionnarisme*, sous lequel j'entends la foi dans la révolution. Dans ce révolutionnarisme sont contenues, comme des graines dans une gousse, toutes ses autres particularités. Je les appellerai l'esprit de *faction* ; l'esprit de *club* et l'esprit d'*émeute*. J'appelle esprit de faction la tendance à se diviser en petites fractions innombrables ; esprit de club, la passion des conspirations dans les sociétés secrètes et dans les conventicules ; enfin, esprit d'émeute, la croyance fanatique à la guerre des rues, à la barricade.

D'où vient tout cela ? Il y aune chose qui saute aux yeux, de prime abord, à quiconque connaît l'histoire de France. Ce que nous venons d'indiquer comme constituant les traits caractéristiques du mouvement du prolétariat français, nous le retrouvons dans toutes les actions de la *petite bourgeoisie française*. Le prolétariat ne fait qu'hériter d'elle. C'est conduit par la petite bourgeoisie que le prolétariat français entre dans l'histoire. Et cette influence de la petite bourgeoisie se fait encore sentir d'une façon décisive longtemps après que le mouvement indépendant du prolétariat est commencé. Nous retrouvons, jusqu'à l'époque la plus récente, l'esprit petit-bourgeois; non seulement dans la méthode de lutte, mais aussi dans les idées, dans le programme et dans l'idéal du prolétariat français, de sorte qu'il est tout naturel que Proudhon, le plus grand théoricien de la petite bourgeoisie révolutionnaire, ait influencé le prolétariat français encore à une époque si avancée, postérieure à l'époque de 1848. Bien qu'on ait contesté souvent que Proudhon n'ait été en dernière instance qu'un théoricien petit-bourgeois, il n'en reste pas moins vrai que, quelque révolutionnaire que soit sa phraséologie, tous ses projets de réformes, que ce soient des banques de crédit et d'échange ou la « constitution de la valeur », n'ont pour but que de conserver, de renforcer, de rendre plus moraux la production individualiste et l'échange des produits individuels.

Cette longue influence prépondérante ne peut étonner quiconque se rend compte de l'ensemble des circonstances. Grand était le prestige que, dans 1e cours de l'histoire moderne, la petite bourgeoisie .française et surtout la petite bourgeoisie parisienne avait acquis aux yeux du peuple ! De combien de lauriers n'a-t-elle pas couvert son front depuis 1793.

Dans aucun pays, excepté l'Italie peut-être, elle ne s'est montrée aussi courageuse, aussi hardie et nulle part son succès n'a été aussi complet. Si, par la suppression des institutions féodales, la voie a été dégagée pour la bourgeoisie française dans un laps de temps plus court que pour aucune autre, il est incontestable que le balai de fer de Napoléon a fait une bonne partie de la besogne ; mais il ne faut pas oublier que c'est la révolution de 1793, la révolution de la pente bourgeoisie, qui avait d abord aplani le terrain. C'est là la signification historique de la Terreur et, par elle, de la petite bourgeoisie qui, depuis cette époque, s'est couverte de gloire.

Ce n'est pas seulement cet élément de nature idéologique qui doit être mis en cause pour expliquer l'influence prépondérante de la petite bourgeoisie : il s'y ajoute encore ce fait important qu'une grande partie de l'industrie proprement française revêt encore à moitié, grâce à l'organisation particulière des « ateliers » , le caractère du métier de la petite exploitation et qu'elle est en grande partie une industrie d'art, comme l'industrie de la soie à Lyon et comme les nombreuses industries de luxe à Paris.

Elle est, à ce point de vue, en opposition nette avec les grandes industries principales de l'Angleterre, les charbonnages, l'industrie du fer et celle du coton.

L'ouvrier français, qu'on appelle à Lyon un maître-ouvrier, conserve, grâce à cette tendance et à cette organisation de nombreuses industries, plus que l'ouvrier des autres pays, un cachet individualiste et, partant, petit-bourgeois.

Si l'on veut comprendre les particularités mêmes qui donnent au mouvement social en France - héritage de la petite bourgeoisie, si vous voulez - son cachet propre ; si l'on veut trouver les causes de cet enthousiasme révolutionnaire dont je vous ai parlé, il faut les rechercher dans toute l'histoire de la France. Leur substratum, c'est ce peuple d'humeur enjouée, facilement enthousiaste, doué d'un tempérament vif, d'un élan, qui manquent à tous les peuples du Nord. Le type français du mouvement social renaît peut-être actuellement - atténué, il est vrai, par l'influence allemande - en Italie. C'est là que nous devons apprendre à observer son caractère particulier, que nous devons nous efforcer de nous rendre compte de l'enthousiasme, de la rapidité avec laquelle de grandes masses se concertent, du feu de paille, de l'ardeur momentanée, en un mot de cette *allure* de la pensée et du sentiment si spéciale, afin de pouvoir comprendre dans tout ce qui le différencie si profondément, par exemple de la moyenne des filateurs anglais, ce type français, ou si vous voulez ce type latin, de révolutionnaire-né. Victor Hehn, en parlant de l'Italie, dit avec beaucoup de justesse - et cela pourrait être appliqué à tous les Latins - : « ce dont il est absolument dépourvu, c'est ce qui est propre au *philistin* allemand – que dire du philistin anglais ! - ce qui est inconcevable pour lui, c'est le tempérament de ces hommes, produits de l'habitude, manquant de fantaisie, raisonnables, ornés de toutes les vertus de la médiocrité, menant une vie honorable grâce à la modération de leurs exigences, concevant lentement, traînant avec une patience touchante tout le fardeau de préjugés bourgeois dont ils ont hérité de leurs pères ».

Ainsi le Latin se propose volontiers un but éloigné et ne recule pas, pour l'atteindre, devant des moyens violents. C'est un tempérament radical, c'est la nature qui le lui a donné pour son voyage à travers l'histoire. Et puis, pour comprendre le caractère du mouvement social en France, songez à la prépondérance dans ce pays de la capitale, de Paris. S'il est inexact que Paris soit la France, comme on l'a répété si souvent, il n'en est pas moins vrai que Paris est assez puissant pour pouvoir, à l'avenir, dicter des lois au pays. Paris, ce faisceau de nerfs, cette chaudière en ébullition !

J'ai l'impression que le peuple français subit toujours l'influence, on pourrait dire le charme, de sa « glorieuse » révolution. Aucun peuple, en effet, ne saurait se soustraire, dans un laps de temps de cent années, à l'influence d'un pareil événement, du drame le plus puissant que l'histoire connaisse. Je crois que cette nervosité, si je puis m'exprimer ainsi, inhérente à toute la vie publique en France, est en grande partie l'héritage de cette époque terrible de bouleversement général, un héritage qui, depuis, a été cultivé avec tant de soin dans d'autres révolutions moins glorieuses, mais combien nombreuses. Une chose encore tire son origine de cette époque, c'est la croyance à l'omnipotence de la force, à l'efficacité de l'émeute politique. Depuis les journées de juillet 1789, l'évolution historique de la France s'est faite, pour ainsi dire, plutôt du dehors au dedans, que du dedans au dehors : le changement de régime a joué un rôle important et, en effet, il a exercé quelquefois une action effective sur la marche de la vie sociale. Quoi d'étonnant que l'on compte toujours sur un changement semblable et que l'on veuille aussi pour l'avenir se servir, comme d'un levier de l'évolution, de la révolution politique qui a déjà fait tant de grandes choses. Cette croyance à la révolution me semble enfin être liée intimement avec la philosophie sociale idéaliste et optimiste du XVIIIe siècle, philosophie purement française, qui n'est pas encore oubliée en France, sa terre classique, dont nous avons parlé dans une conférence précédente. Elle semble être liée à la croyance à l'*Ordre naturel* qui peut s'emparer du monde « comme un voleur pendant la nuit », car il est donné et n'a qu'à être découvert, exposé et compris.

Si maintenant nous embrassons d'un coup d'œil tous ces éléments innombrables, qui concourent à la formation du type si particulier du mouvement social français, il nous paraîtra tout naturel que ce soit dans ce pays qu'a jeté le plus profondément ses racines ce produit étrange des temps modernes : l'anarchisme. Tout était préparé depuis cent ans pour lui faciliter l'entrée. Qu'est-ce que l'anarchisme, au fond, sinon la forme nouvelle du révolutionnarisme comme méthode, de l'idéal petit-bourgeois comme but ? Est-ce que

Ravachol et Caserio ne sont pas les vrais fils de ces conspirateurs si nombreux dans le mouvement social en France entre 1830 et 1850 ?

Y a-t-il un père plus légitime de l'anarchisme que Blanqui ? L'anarchisme - c'est de cette façon que l'on pourrait le formuler - est né de l'union de la philosophie sociale du XVIIIe siècle avec le révolutionnarisme du XIXe : c'est la renaissance sanglante de l'utopisme social.

Il faut que je mentionne encore une circonstance dont, à dessein jusqu'à présent, je n'ai pas tenu compte, car ce n'est qu'une hypothèse que je voudrais vous soumettre après l'avoir, au préalable, munie d'un point d'interrogation. Le *caractère paysan* de l'agriculture française a-t-il eu une influence sur la formation, disons-le tout de suite, des tendances anarchistes modernes ? Je, crois qu'il doit y avoir un rapport, entre ces deux phénomènes. Certes, c'est encore une question à discuter que de savoir dans quelle mesure l'anarchisme a jamais pu trouver un terrain favorable dans les masses. Mais ceci me parait évident : partout où la propagande anarchiste semblait prendre racine, c'étaient des pays agricoles : je rappelle les succès de Bakounine en Italie et en Espagne et le nouvel essor que l'anarchisme a pris actuellement en France. Partout où la population agricole seule s'est décidée à un mouvement indépendant, ce mouvement a toujours eu au moins une teinte anarchiste. L'Italie, l'Espagne et l'Irlande nous en fournirent des exemples.

C'est un problème intéressant, mais j'ai à vous parler du mouvement prolétarien socialiste, et cela m'écarterait trop de mon sujet que de savoir si l'*anarchisme* est l'expression *théorique* des *révolutions agraires*, et s'il l'est, quelle en est la cause ? J'ai voulu au moins l'indiquer.

Si, enfin, vous me demandez: quelles sont les traces durables que le caractère particulier du mouvement français laissera dans le grand mouvement international du prolétariat, je vous répondrai qu'elles seront peut-être moindres que celles des autres nations, car ce mouvement présente les symptômes d'un manque de maturité que l'on ne saurait méconnaître. Mais il y a pourtant certains côtés par lesquels il servira d'exemple à tous les autres peuples : c'est l'idéalisme, l'élan, l'entrain qui le distinguent des mouvements de toutes les autres nations. Le prolétariat apprendra- t-il à s'inspirer de nouveau d'enthousiasme idéal à Paris, tandis que nous autres bourgeois nous risquons de n'y emprunter que la décadence?

Vous connaissez la marche particulière que le mouvement prolétarien a suivie en Allemagne. Il apparut comme un météore tombant du ciel. Car - abstraction faite des débuts tout à fait insignifiants entre 1840 et t850 - ce que nous voyons dans ce pays, ce sont plutôt des mouvements d'artisans qu'un mouvement prolétarien proprement dit ; tout à cour, en 1863, surgit pour ne plus disparaître, mais pour s'accroître dans des proportions gigantesques, un parti ouvrier politique et indépendant.

D'où vient le singulier phénomène d'un tel mouvement en Allemagne ? Comment s'explique le caractère subit de son apparition, et comment s'explique, avant tout, le trait saillant de son caractère : sa direction parlementaire et légalitaire, et son attitude indépendante des autres partis depuis sa fondation jusqu'à ce jour ?

Tout le monde sera porté au premier moment à rechercher les causes du caractère particulier du mouvement allemand dans la personnalité de son fondateur, *Ferdinand Lassalle*. Il est incontestable qu'une bonne partie en est due à l'individualité de cet homme extraordinaire. Nous savons comment il s'est dépeint lui-même dans ces esprits de feu de la philosophie d'Héraclite, nous savons aussi quel était le feu qui le dévorait : une ambition démoniaque et une titanique envie de gloire. Lorsque cette ambition trouva enfin, après plusieurs années de gloire scientifique, sa route dans le champ de l'action politique – où doivent nécessairement arriver, s'ils ne peuvent devenir ni capitaines ni artistes, tous les ambitieux de notre époque - il allait de soi qu'un Lassalle, avec son envie de dominer, ne voulait être que le *chef*, le *premier*; le *duc*. Là où se trouvait Bismarck un autre ne pouvait jouer qu'un rôle effacé.

Se joindre à l'opposition Lassalle ne le voulait pas non plus : il avait, vers 1860, frappé d'une façon peu équivoque à sa porte, mais elle s'était probablement méfiée de cet homme qui ne voulait se plier à rien. Il ne restait qu'une issue : devenir le chef d'une organisation nouvelle, qui serait exclusivement à lui. Ce fut le parti ouvrier. Ce fut le parti de Lassalle, dans le sens le plus restreint du mot : *son* marteau et *son* glaive, à l'aide duquel il voulait se créer une situation dans la vie politique.

Mais pour que l'ambition de Lassalle fût couronnée de succès, et, avant tout, pour que le mouvement pût aussi, après la courte année de direction de Lassalle, continuer à se développer dans la voie qu'il avait suivie, il fallait que des *circonstances objectives*, qu'une certaine situation de la vie politique et sociale en Allemagne aient pu s'ajouter à cet élément personnel.

Je ne veux pas trop insister sur le rôle du *caractère allemand*. Ceci pouvait servir lorsqu'il était question des particularités du mouvement anglais et français, mais pour expliquer le mouvement allemand, il est impossible, pour des raisons faciles à comprendre, d'obtenir des résultats satisfaisants en faisant appel au caractère national. Pour expliquer les caractères spécifiques du mouvement social en Allemagne, nous sommes surtout réduits aux circonstances extérieures par lesquelles il était déterminé et il n'est vraiment pas trop difficile d'y rattacher son explication causale.

Tout d'abord un mouvement essentiellement révolutionnaire, comme l'était le mouvement français, aurait été impossible à cette époque en Allemagne, même en admettant que le caractère allemand l'eût supporté : le moment était trop avancé. Le révolutionnarisme, dans Je sens français, porte déjà, comme je l'ai dit, l'empreinte du manque de maturité. Il peut bien rester longtemps dans le sang d'un peuple, mais il est impossible d'en faire le principe du mouvement à un moment aussi tardif que celui où commença le mouvement allemand. L'Italie peut nous servir d'exemple : il est incontestable que sa « nature » pousse le peuple de ce pays vers le révolutionnarisme, mais quoique la nature intérieure se fasse continuellement jour à nouveau, il n'en est pas moins forcé de se plier aux expériences des pays plus anciens.

D'autre part, à l'époque où son mouvement social commence, l'Allemagne était encore si peu mûre au point de vue économique - elle se trouvait à peu près au niveau de l'Angleterre vers la fin du siècle dernier - qu'il est très facile de comprendre le retard du mouvement syndical sur le mouvement politique.

Alors il aurait été peut-être plus naturel, si le prolétariat voulait entreprendre une action parlementaire principalement politique, qu'il cherchât, comme cela a eu lieu dans d'autres pays, à s'unir avec les partis existants de l'opposition ! Ici il faut faire ressortir ce fait qu'il en était empêché par l'impossibilité où étaient les partis bourgeois de cette époque de faire de la politique radicale, et, peut-être à cause de cela, d'absorber temporairement, le prolétariat, comme parti politique indépendant.

Un des traits caractéristiques du libéralisme en Allemagne est une crainte étrange du spectre rouge, héritage de 1848. Il est vrai que le prolétariat y a contribué lui-même par son attitude. On sait comment le mouvement bourgeois de 1848 s'affaisse subitement et se sauve derrière les baronnettes prussiennes au moment où les « *gens mal intentionnés* », c'est-à-dire le courant secondaire démocratique, qui se retrouve dans chaque révolution bourgeoise et que nous connaissons déjà (voyez 1789 et suiv.) commence à se faire jour. C'en était fait de l'orgueil et de l'opiniâtreté bourgeois ; chaque fois que le spectre de la révolution sociale apparaissait à l'horizon, ne fût-ce que de loin, ils s'évanouissaient : voyez la loi contre les socialistes ! De cette façon le pont entre le mouvement du prolétariat et l'opposition bourgeoise était miné de bonne heure déjà, pour être bientôt rompu complètement.

De même que, dans le domaine politique, cette peur et cette crainte dans les rangs des partis libéraux ont empêché la formation d'un mouvement franchement radical qui aurait pu longtemps encore répondre aux besoins du prolétariat, de même dans le domaine économique, l'ancien libéralisme allemand se distinguait par un doctrinarisme absolument incompréhensible au point de vue de nos idées actuelles, par l'acharnement stupide avec lequel il suivait une sorte de manchestérianisme vide, qui, étant surtout un produit des savants de cabinet, n'a jamais peut-être été formulé d'une façon aussi nette. Les efforts de Schulze-Delitzsch, dont il faut certes reconnaître les grands mérites, ne pouvaient pas même approximativement combler le vide qui caractérisait à cette époque les doctrines officielles des partis libéraux à l'égard des questions de politique sociale. Les économistes libéraux de cette époque étaient complètement incapables de comprendre les revendications et le mouvement du prolétariat. Je ne connais pas dans les autres pays des écrivains ayant produit des écrits aussi piteux que ceux de Prince-Smith sur la « prétendue » question sociale. Il n'y a guère que telle ou telle sommité « de l'Institut » qui puisse rivaliser avec lui.

L'incapacité des partis libéraux de donner au mouvement du prolétariat une direction dont ils auraient pu tirer parti, trouve son expression significative dans la réponse qu'une députation d'ouvriers de Leipzig reçut en 1862 des chefs de la « Société Nationale » (c'est le nom que portait alors le parti libéral). Voulant prendre part à la vie politique, des ouvriers s'adressèrent à cette société : leur intention était d'entrer avec elle en pourparlers en vue de déterminer les points d'une action indépendante des chefs, et que leur a-t-on répondu ?

Que les ouvriers étaient les membres honoraires nés de la Société Nationale.

Et au moment où les partis se trouvent dans cette situation particulière, Bismarck octroie – on est tenté de croire, que c'est une haine diabolique du libéralisme qui en fut le motif - le suffrage universel et secret en 1867 : un héritage de Lassalle. Cette réforme entraîne deux conséquences de valeur primordiale pour la formation du mouvement social en Allemagne. D'une part, elle rendit plus faible encore la bourgeoisie qui, se trouvant entre le parti des « junkers » et le prolétariat, fut réduite, .après la Courte lune de miel qui suivit 1870, à jouer un rôle de plus en plus insignifiant, et, par la crainte du parti ouvrier, toujours en croissance, perdit de plus en plus de son assurance. Le résultat fut que la distance qui séparait les libéraux et le mouvement prolétarien devint encore plus grande.

D'autre part, ce suffrage démocratique que la classe ouvrière avait acquis sans aucun effort de sa part la poussait de plus en plus sur la voie d'un mouvement purement parlementaire et empêcha pendant longtemps ses chefs de tenir suffisamment compte des tendances non politiques du prolétariat.

Tous ces événements nous pouvons les regretter, ou au contraire nous en réjouir - et quiconque s'intéresse au sort de son pays fera l'un ou l'autre - mais actuellement nous ne devons que nous y soumettre comme à un phénomène naturel, à l'existence duquel rien ne peut être changé, même si on en déduit la directrice de la politique de demain. Le rôle de la science consiste uniquement à expliquer les particularités des choses, telles qu'elles se *sont* produites et tel était aussi le sens de *mes* déductions. Mais il y a naturellement toujours des gens incapables de séparer la science de la politique.

Une observation pour finir !

N'avez-vous pas été frappés par ce fait étrange, que le mouvement lassallien, et partant, le type allemand du mouvement social, quoiqu'il porte l'empreinte de la détermination historique propre à cette nation et qu'il présente un caractère souvent purement personnel - cela se manifesta, après la mort de Lassalle, dans la forme mystique et religieuse que prit le mouvement, dans sa tendance à dégénérer en culte personnel, en secte - que ce mouvement, plus qu'aucun autre peut-être, a fait école, si je puis m'exprimer ainsi.

La raison peut en être de nouveau recherchée dans la personnalité de son créateur, dans la puissance entraînante de sa parole, dans la force de son agitation. Treitschke croit que l'Allemagne a possédé trois grands agitateurs : List, Blum et Lassalle. Lassalle est sûrement toujours encore le plus grand agitateur du prolétariat, peut-être même l'unique orateur vraiment grand que le prolétariat ait eu jusqu'à présent. C'est pourquoi l'influence de sa personnalité se fait encore sentir.

« À Breslau un cimetière - dans le tombeau un mort. - C'est là que dort celui qui seul nous donna des armes. »

Mais ici encore nous ne nous contenterons pas des motifs purement personnels et nous chercherons au contraire des *raisons objectives* pour expliquer le phénomène en question.

Il me semble que le triomphe, dans le mouvement social international du type allemand tel qu'il a été créé par Lassalle est surtout déterminé par ce fait que l'agitation de Lassalle est déjà fortement remplie - le mouvement allemand ultérieur l'est évidemment davantage - de l'esprit de cet homme qui fut appelé à formuler les propositions théoriques qui expriment d'une façon nette et bien marquée ce qui constitue le trait commun de tout mouvement prolétarien conscient de son rôle. Je parle de *Karl Marx*.

Le nom de cet homme exprime, pour ainsi dire, tout ce qu'il y a de force centripète dans le mouvement social moderne. C'est de lui que vient tout ce qui élimine les particularités et unifie les différents mouvements nationaux. Le marxisme, c'est la tendance à rendre le mouvement internationaliste, à l'unifier. Mais ici nous n'avions pas à nous occuper de ce côté de la question, nos recherches portaient sur les différences. C'est en divers courants nationaux que le mouvement social se sépare d'abord ; ce n'est que plus tard qu'ils se réunissent dans le même courant uniforme. C'est partout le même, l'*unique* grand mouvement social ; produit par les mêmes causes, il manifeste toujours de nouveau tout au moins la tendance de retourner à l'unité. Mais il se développe dans un cadre national et subit l'action des contingences créées par l'histoire. Ce que j'ai voulu montrer aujourd'hui, c'est comment ces contingences sont déterminées.

Et maintenant arrivons au théoricien du mouvement social, sans épithète, à Karl Marx !

Chapitre V
Karl Marx

Karl Marx est né en 1818 à Trèves; c'était à cette époque encore une ville plus qu'à moitié française. Il était le fils d'un avocat juif, plus tard converti. La culture intellectuelle et l'esprit mondain étaient traditionnels dans la maison de ses parents. Les auteurs favoris de la famille sont Rousseau et Shakespeare ; ce dernier resta aussi le poète favori de Karl Marx pendant toute sa vie. Ce qui frappe, c'est le cachet international de la famille Marx. Les relations les plus intimes les unissaient à la famille de Westphalen, les parents du baron Edgar de Westphalen futur ministre prussien et d'origine à moitié écossaise, auquel. Marx dut de s'être lancé dans la littérature, et de Jenny, qui deviendra la femme de Marx.

Karl étudie la philosophie et l'histoire à Bonn dans l'intention de devenir professeur en Prusse.

En 1842, il est sur le point de se faire agréer. Mais bientôt surgissent des difficultés ; le jeune Marx, très lié avec Bruno Bauer, est contraint par le flot réactionnaire qui passe précisément une fois encore sur les universités prussiennes et sur l'université hérétique de Bonn en particulier. Ce qui arrive d'habitude dans ces cas de vocation manquée, arriva aussi pour le jeune Marx : il devint journaliste. Peu de temps après, en 1844, la police prussienne l'expulse; il se réfugie à

Paris, mais il est expulsé de France par le ministère Guizot, et, comme on le croit, sur la demande de la Prusse ! En 1835, il va à Bruxelles, (en 1848, il rentre pour un certain temps en Allemagne, et s'établit enfin, depuis 1849, à Londres à l'abri des persécutions policières. C'est là qu'il vit jusqu'à sa mort, en 1883.

Le trait caractéristique de son individualité dont les particularités ne deviennent que plus saillantes par suite des conditions dans lesquelles il vivait, c'est une hypertrophie des fonctions intellectuelles. Son esprit est essentiellement celui du critique impitoyable qui ne se laisse influencer par aucune illusion. Il acquiert grâce à cela un coup d'œil d'une pénétration supérieure à la normal pour découvrir les rapports psychologiques et partant historiques, là surtout où ils sont basés sur les appétits les moins nobles de la nature humaine. Un mot de Pierre Leroux semble avoir été écrit pour Marx : « il était fort pénétrant sur le mauvais côté de la nature humaine ». C'est donc la nature elle-même qui lui facilite la croyance aux paroles de Hegel que c'est le « mal » qui est la cause de tout développement dans l'espèce humaine. Sa conception du mondé (Weltanschauung) s'exprime dans les paroles grandioses de Wallenstein.

Ce qui rendit Marx capable d'arriver à occuper le premier rang parmi les philosophes sociaux du XIXᵉ siècle et d'exercer à côté de Hegel et de Darwin la plus grande influence sur les idées contemporaines, c'est ce fait qu'il unissait la connaissance de la philosophie de l'histoire de son époque dans sa forme la plus accomplie - celle de Hegel – à la connaissance de la forme la plus développée de la vie sociale - celle de l'Europe occidentale, de la France et surtout de l'Angleterre ; qu'il savait, telle une lentille, réunir les rayons qui avaient été émis avant lui par des penseurs étrangers et qu'il réussit - du fond de son entourage international - à faire abstraction de toutes les contingences de l'évolution nationale et à pouvoir, dans la vie sociale moderne, dégager ce qu'il y a de typique, dégager le général du particulier.

Marx a tracé en collaboration avec son ami Frédéric Engels - dans un grand nombre d'ouvrages dont le plus connu est le Capital - les lignes principales d'un système imposant de philosophie sociale dans les détails duquel nous ne pouvons pas entrer ici. Ce qui nous intéresse uniquement ici, c'est la *théorie du mouvement social* de Marx, car c'est grâce à elle surtout qu'il a une action déterminante sur la marche de l'évolution sociale. Elle n'a été réunie en système dans aucun de ses ouvrages. Néanmoins nous en trouvons déjà tous les éléments essentiels dans le fameux *Manifeste du parti communiste* que Marx et Engels ont soumis en.1847 à « la Ligue des Justes », qui l'adopta comme programme et se transforma ainsi en « Ligue communiste ». Le manifeste du parti communiste contient les grandes lignes d'une philosophie de l'histoire sur laquelle est basé le programme du parti. Les idées directrices sont les suivantes :

Toute l'histoire n'est que l'histoire de la lutte des classes ; l'histoire actuelle est la lutte entre la bourgeoisie et le prolétariat. La formation des classes est le résultat de rapports économiques déterminés de production et de distribution, qui déterminent également les rapports de domination. Des forces « immanentes » (cette expression ne se trouve pas encore dans le manifeste, mais elle est devenue *terminus technicus* des écrits postérieurs) bouleversent continuellement les rapports économiques. Actuellement ce processus de bouleversement s'effectue avec une rapidité particulière parce que les immenses forces productives créées par la bourgeoisie ont dépassé son pouvoir et, d'une part rendent rapidement de plus en plus mauvaises les conditions d'existence de la société capitaliste actuelle et, d'autre part, créent les conditions d'existence pour une société sans classes, basée sur la production sociale et sur la propriété sociale des moyens de production (cette formule ne se trouve pas dans le manifeste du parti communiste, où on ne parle que de la « suppression de la propriété privée », mais pour la première fois, deux ans plus tard, dans l'histoire des luttes de classes en France), La première de ces conséquences s'exprime dans les crises pendant lesquelles « la société se trouve subitement rejetée dans un état de barbarie momentanée et dans le paupérisme ». De là il résulte clairement que « la bourgeoisie est incapable de remplir le rôle de classe régnante, et d'imposer à la société, comme loi sur laquelle elle doit se régler, les conditions d'existence de sa classe. Elle est incapable de dominer, parce qu'elle ne peut plus assurer l'existence à son esclave, même dans les conditions de son esclavage ; parce qu'elle est obligée de le laisser tomber dans une situation telle, qu'elle doit le nourrir au lieu de s'en faire nourrir »,

Quant aux conditions d'existence de la société nouvelle (cette pensée est seulement indiquée dans le manifeste, et n'a été développée que plus tard, surtout par Engels), elles sont créées par l' « énorme développement des forces productives » et par « la socialisation du processus de production qui la suit pas à pas, c'est-à-dire par l'enchevêtrement et la dépendance croissants des différentes parties de la production, le passage à la coopération, etc.

La conséquence la plus importante pour nous de cette théorie est la suivante : la révolution économique trouve son expression spontanée dans les *antagonismes* et dans les *luttes de classes* : le « mouvement social moderne », c'est-à-dire le mouvement du prolétariat n'est rien autre que l'organisation des éléments qui sont appelés à briser la domination de la bourgeoisie et, de cette façon, à « s'emparer des nouvelles forces de production sociale » - ce qu'ils ne peuvent faire « qu'en abolissant le mode d'appropriation dont, ils sont eux-mêmes l'objet et, par suite, tout le mode d'appropriation en vigueur jusqu'à nos jours », c'est-à-dire en remplaçant la propriété et la production privées par le communisme.

« Les communistes » - c'est-à-dire le parti politique auquel le manifeste du parti communiste doit servir de profession de foi - ne forment qu'une fraction du prolétariat en lutte, la fraction qui a l'intelligence nette de la marche du développement. Il « ne se distinguent des autres partis prolétariens que sur deux points :

1° Dans les différentes luttes nationales des prolétaires, ils mettent en avant et font valoir les intérêts communs du prolétariat.

2° Dans les différentes phases évolutives de la lutte entre prolétaires et bourgeois, ils représentent toujours et partout les intérêts du mouvement général. »

« Les propositions théoriques des communistes ne reposent nullement sur des idées et des principes inventés ou découverts par tel ou tel réformateur du monde. Elles ne sont que l'expression, en termes généraux, des conditions réelles d'une lutte de classes existante, d'un mouvement historique évoluant sous nos yeux ».

Ces idées, comme je l'ai déjà indiqué à plusieurs reprises dans ma conférence, ont reçu plus tard une forme plus précise, elles ont été complétées et développées et en partie modifiées ; mais elles contiennent dès maintenant, les lignes principales de la théorie du mouvement social de Marx. Bien que cette théorie soit, comme je le pense, tellement erronée sur des points essentiels qu'il est à peine possible qu'elle puisse être maintenue dans son ensemble, il faut cependant rechercher quelle est sa signification historique ; comment expliquer son immense expansion aux dépens d'autres théories ; et à quoi attribuer sa durée de près d'un demi-siècle déjà ?

Qu'il me soit permis, avant d'essayer de répondre à ces questions, de constater *une* chose en guise d'éclaircissement. Si nous parcourons les écrits de Marx et Engels, à partir de 1842 ou seulement depuis l'éclosion complète de leurs idées, c'est-à-dire depuis 1847 jusqu'à 1883, voire même jusqu'à 1895, .l'héritage intellectuel qu'ils nous ont légué se présente tout d'abord à nos yeux comme un enchevêtrement désordonné d'idées les plus diverses. Ce n'est que pour celui qui les examine très attentivement et qui se donne la peine de pénétrer dans la pensée des auteurs que ces séries d'idées finissent par avoir un sens et un ordre. On remarque alors que des idées fondamentales sont en effet contenues dans les écrits de Marx et d'Engels, pendant toute la période de leur activité, mais qu'à différentes époques des ordres d'idées différents viennent à la traverse et rompent l'unité du système bâti sur ces idées fondamentales. La plupart des interprètes de la doctrine de Marx, et surtout les interprètes bourgeois, ont commis l'erreur de ne pas séparer l'essentiel de l'accident et, partant, n'ont pas été en état d'apprécier à leur juste valeur la signification historique de ces théories. Il est naturellement plus commode de reprocher à un auteur les contradictions et les absurdités de son système que d'entreprendre cette pénible recherche de ce qui a en lui une valeur durable ; se contenter de quelques méprises et de quelques erreurs manifestes dans la doctrine d'un penseur remarquable pour la rejeter *in toto*, est un procédé commode mais peu juste. Le marxisme se prêtait à ce genre de procédés superficiels mieux que tout autre objet : d'abord parce que pas mal de ses théories provoquaient les passions de ceux qui les jugeaient et devaient par cela même troubler *a priori* leur jugement; ensuite parce qu'il représente, en effet, un pêle-mêle extrêmement lourd de doctrines contradictoires. Ceci explique le fait qu'un demi-siècle après sa conception, nous sommes encore il la recherche du vrai sens et de la signification profonde de la doctrine. Cela s'applique il est vrai surtout à nous autres critiques bourgeois de Marx, mais aussi aux partisans de son système. Je rappelle que la doctrine fondamentale du système économique de Karl Marx - la théorie de la valeur - n'est devenue que depuis deux ans l'objet d'une discussion féconde. C'est à cette doctrine que j'ai essayé d'appliquer alors la méthode que plus haut j'ai désigné comme étant l'unique méthode praticable en face d'un ensemble aussi particulier que le sont les doctrines de Marx ; je me suis demandé comment on pouvait, pour trouver le sens qu'ont dû y attacher des penseurs aussi sérieux, faire concorder les parties si manifestement contradictoires de la théorie de la valeur de Marx. A cette époque le vieil Engels pouvait encore certifier que j'étais « à peu de choses près » dans le vrai, mais qu'il ne saurait souscrire sans restriction à tout ce que je « transportais » dans la doctrine de Marx. D'autres critiques croyaient que ce n'était pas la théorie de la valeur de Marx. Ils ont peut-être raison. Mais ce qui est certain aussi, c'est que si l'on veut conserver la théorie de la valeur de Marx comme vérité historique on ne peut le faire que sous la forme que je lui ai donnée.

Si je rappelle tout cela c'est uniquement afin d'indiquer le point de vue auquel je me place par rapport à la théorie de Marx. Je m'efforce autant que je peux, de la débarrasser de tout ce qui est accessoire, à saisir ce qui est essentiel et à l'expliquer d'une façon telle qu'elle soit compatible avec la réalité. Je sublime pour ainsi dire l'esprit des théories de Marx et j'espère que ce sera l'esprit de Marx et non pas le mien « dans lequel les temps se reflètent ». J'essayerai plus loin d'indiquer les « accidents » perturbateurs de la théorie ; disons d'abord ce qui, d'après nous constitue les idées fondamentales historiquement significatives de la théorie du mouvement social de Marx.

Ce qu'il faut faire ressortir, tout d'abord et avant tout, comme étant une contribution scientifique de premier ordre, c'est - cela me parait aujourd'hui une vérité de La Palisse - la conception historique du mouvement et la constatation des rapports entre les phénomènes et les processus « économiques », « sociaux » et « politiques ». Marx applique l'idée de l'évolution au mouvement social. Quoique des savants éminents – comme Lorenz von Stein, l'écrivain dont Marx a peut-être le plus subi l'influence - eussent essayé avant Marx de saisir le socialisme et le mouvement social dans le cours de la vie historique, aucun d'eux n'a su révéler ces rapports historiques sous une forme aussi claire et, avant tout, aussi évidente et aussi pleine de conséquences. Que les révolutions et les tendances politiques ne soient au fond que des déplacements de rapports de puissance entre les classes de la société, cela avait été dit avant Marx, mais personne ne l'a énoncé d'une façon aussi persuasive. Ce sont les révolutions économiques qu'il prend comme point de départ pour expliquer la formation et .la lutte des classes et ces mots : « il n'y a jamais de mouvement politique qui ne soit social en même temps » il les a prononcés même avant le *Manifeste du parti communiste* dans la *Misère de la philosophie.* Mais par cela même - et c'est cela qui nous intéresse surtout - *le prolétariat est amené à la peine conscience de soi-même*, de sorte qu'il apprend à se connaître dans sa détermination historique. Et, de cette conception de l'histoire découlent avec certitude, pour Marx et pour le prolétariat, les lignes principales du programme et de la tactique du mouvement social. « Elles ne sont que l'expression, en termes généraux, des conditions réelles d'une lutte de classes existante », avait dit le *Manifeste du parti communiste* sous une forme un peu relâchée. D'une façon plus précise ceci voulait dire que la théorie de Marx établissait un lien entre ce qui avait commencé à se former inconsciemment et instinctivement comme l'idéal du prolétariat et les phénomènes qui pouvaient être observés dans la vie réelle comme étant la conséquence du développement économique. Pour la tactique il en résultait que l'idée qui la déterminait était que les révolutions ne pouvaient pas être faites, mais, qu'elles sont liées à des conditions économiques déterminées, tandis que la lutte de classes sous ses deux formes - la forme politique dont il est surtout question dans le *Manifeste du parti communiste*, et aussi la forme économique et syndicale, pour laquelle Marx avait déjà rompu une lance dans la *Misère* - était reconnue comme devant servir au prolétariat d'instrument pour sauvegarder ses intérêts dans ce processus de transformation économique. Il formulait ainsi que tout mouvement prolétarien *devait* en devenant conscient, forcément reconnaître comme principes directeurs. Le socialisme comme but, la lutte de classes comme moyen, cessèrent d'être des conceptions subjectives et furent compris dans leur nécessité.

Cette conception élémentaire, que les deux piliers du mouvement social moderne n'étaient pas des constructions arbitraires mais des produits inévitables du développement historique, est aujourd'hui encore si peu répandue qu'il vaut vraiment la peine de lui consacrer quelques lignes.

Remarquons d'abord que l'on ne trouve dans aucun des écrits de Marx et d'Engels dont la critique de Dühring forme toujours un complément indispensable, aucune preuve de la « nécessité » de la marche du mouvement social qui réponde complètement à ce que nous exigeons actuellement d'une méthode scientifique. On sait que Marx se place au point de vue de la dialectique de Hegel qu'aujourd'hui l'on peut considérer comme étant dépassée. La preuve dialectique – un premier accident - ne peut donc plus nous servir. La théorie des « transformations » (Umschlage) et de la « négation de la négation » etc., nous paraît quelque peu surannée. Ce que nous demandons c'est un fondement psychologique du devenir social, et de ce fondement Marx ne s'est guère occupé.

Or il ne me paraît pas si difficile de combler ce vide. Je veux l'essayer dans la mesure où cela m'est possible dans le temps que j'ai à ma disposition.

Pourquoi le *collectivisme démocratique*, c'est-à-dire la socialisation des moyens de production sur une base démocratique, *doit-il* être nécessairement le but idéal de tout mouvement prolétarien ? Il me semble que les considérations suivantes peuvent servir de réponse à cette question.

Le mouvement social moderne tend vers ce que l'on pourrait appeler d'un mot l'émancipation du prolétariat. Celle-ci a deux côtés : un côté idéal et un côté matériel. Une classe ne peut évidemment se considérer comme émancipée au point de vue idéal, qu'au moment ou, en tant que classe, elle est devenue une classe dirigeante ou au moins indépendante au point de vue économique et partant au point de vue politique ; par conséquent, le prolétariat ne pourra se considérer comme émancipé tant qu'il n'aura pas aboli la dépendance économique du capital sous laquelle il se trouve. On peut s'imaginer que le prolétariat pourrait entretenir des employés qui auraient le mandat de diriger la production. Mais la direction ne serait plus alors entreles mains des entrepreneurs comme aujourd'hui, mais entre les mains du prolétariat ; c'est lui qui serait le maître de la situation. Tant que la classe ne s'est pas rendue maîtresse de ce pouvoir sous une forme quelconque, il est impossible de parler d'émancipation en se plaçant au point de vue de cette classe. Il est de même impossible de prétendre qu'elle existe matériellement, tant que durent les circonstances qui actuellement sont, au point de vue de la classe, considérées comme les raisons véritables de son infériorité sociale et que l'on fait dériver du système économique capitaliste.

Si donc le prolétariat se propose un but précis ce but ne peut être que l'abolition, toujours au point de vue du prolétariat, dudit système capitaliste. Or, cette abolition est possible sous deux formes. Elle peut résulter, ou bien d'une réduction, par une transformation régressive des formes économiques grandioses et surtout de la grande production qui avait remplacé l'ancienne petite production, à l'ancien cadre peu développé, c'est-à-dire en rétrécissant !a grande production interlocale et internationale jusqu'aux limites d'une production locale. Dans ce cas la suppression du système capitaliste signifierait une régression dans un sens petit bourgeois. Ou bien ce système peut être dépassé en conservant les formes existantes de la grande production.

Mais alors sa suppression ne peut aboutir qu'au socialisme ; *il n'y a pas de milieu*. Si donc le prolétariat ne veut pas abolir le capitalisme par transformation régressive en restreignant ses cadres, il ne peut arriver autrement à cette abolition qu'en mettant l'organisation socialiste, la production en commun, à la place de l'organisation capitaliste. Le prolétariat, en tant que prolétariat, ne peut prendre que ce dernier parti, car il n'est que l'ombre de la grande production ; il ne se forme que là où règne la grande production. C'est pourquoi on peut dire que le socialisme, comme but à atteindre, doit résulter nécessairement de la situation économique du prolétariat, et d'elle seulement : toute cette démonstration disparaît du moment où il n'y a pas, dans la vie économique, de tendances vers le développement de la grande industrie et, partant, du prolétariat.

Ce que nous avons voulu démontrer plus haut, c'est, j'insiste encore une fois là-dessus, la nécessité de l'idéal, que l'on ne doit pas confondre avec la nécessité de sa réalisation. Pour prouver celle-ci il faudrait entrer dans d'autres séries de considérations, qui nous éloigneraient de notre sujet. Que cette preuve soit possible cela me parait douteux. Elle n'est nullement faite si l'on démontre que ce que le prolétariat désire se prépare dans le cours de l'évolution sociale.

J'aurai plus bas encore l'occasion d'attirer votre attention sur ce fait que l'opinion courante sur la « nécessité naturelle » (« Naturnothwendigkeit ») du socialisme repose sur une série d'idées qui ne sont pas tout à fait claires.

Ce qu'il faut retenir ici comme résultat de notre investigation, c'est l'idée suivante, une idée tout à fait marxiste : l'idéal social n'est qu'une utopie sans valeur tant qu'il demeure la construction arbitraire d'un cerveau de rêveur. Il n'acquiert la chance de vivre que s'il est adapté aux conditions économiques, s'il en est sorti comme une excroissance. La réalisation du bien et du beau est enfermée dans les limites de la nécessité économique et les conditions économiques créées, c'est-à-dire données historiquement par le rapport du capital au prolétariat, sont telles que l'idéal formé par les aspirations prolétariennes ne peut se trouver que dans la direction d'une société socialiste.

Mais pourquoi la voie qui mène à ce but doit-elle être *la lutte de classes* ? À cette question nous répondrons brièvement ainsi : la société moderne se présente à nous comme un enchevêtrement complexe de nombreuses classes sociales, c'est-à-dire de groupes de personnes dont l'homogénéité résulte de ce qu'elles appartiennent à des forme ou à des sphères déterminées de la vie économique. Nous distinguons les représentants de la propriété foncière féodale (les hobereaux), de la bourgeoisie qui représente le capital ; en second lieu les représentants de la production locale et de l'échange local (la petite bourgeoisie), de ceux des salariés modernes, du prolétariat, etc.

Chacun de ces groupes a des représentants parmi les éléments « idéologiques » de la société, c'est-à-dire parmi les fonctionnaires, les savants, les artistes, etc., qui vivent en dehors de la vie économique de la société et qui, par leur position ou leur origine, appartiennent à l'une ou l'autre de ces classes.

Or le fait d'appartenir à une classe sociale agit à deux points de vue : d'une part, il détermine la conception de la vie et du monde particulière à un groupe d'hommes dont le mode de penser et les sentiments tendent à devenir semblables grâce à la concordance des conditions extérieures par eux subies. Puis il crée un même idéal, un même jugement sur les choses. D'autre part, il imprime une direction volontaire au désir de défendre le point de vue de la classe, sa position économique aussi bien que les choses auxquelles elle donne valeur, il crée ce que nous appelons l'intérêt de classe.

Ce qui se développe partout de façon spontanée, c'est donc, tout d'abord, la différenciation des classes, à laquelle se rattache l'intérêt de classe. Quand on agit pour ses intérêts de classe, on en vient, partout où se rencontrent des intérêts opposés, à l'antagonisme de classes. Il n'est pas nécessaire que l'intérêt d'une classe soit toujours en collision avec l'intérêt d'une autre classe ; il peut y avoir une solidarité d'intérêt momentanée ; mais jamais cet accord ne pourra durer longtemps. L'intérêt du gentilhomme campagnard doit forcément entrer en lutte à un moment donné avec celui du bourgeois; de même l'intérêt du capitaliste avec celui du prolétariat et celui des artisans et des boutiquiers avec l'intérêt de la grandie bourgeoisie, etc. Car chacun de ces points de vue tend par sa nature même à se généraliser et, par suite, à exclure tous les autres.

C'est à cela qu'on peut appliquer les paroles du poète :

« Quand l'un occupe la place, l'autre doit reculer

« Qui ne veut pas être délogé, est forcé de déloger les autres...

« C'est la lutte qui règne et ce n'est que la force qui triomphe.

C'est ici que peuvent surgir des divergences d'opinion. Doit-on en venir inévitablement au conflit, à la lutte ? Ne pourrait-on pas espérer que les classes sociales, par amour, par humanité, par pitié, par souci du bien public ou par quelque autre motif élevé renonceraient volontairement aux privilèges qui font obstacle à la marche des autres. J'ai déjà eu l'occasion ailleurs de me prononcer là dessus et j'ai dit que je considérais tout jugement optimiste sur la nature de la moyenne humaine comme contredit par la réalité. J'indiquais en même temps qu'il était impossible à l'un ou l'autre parti d'apporter aucune preuve rigoureuse de la justesse de sa conception et que les raisons dernières des déterminations individuelles reposaient dans les profondeurs de la conviction personnelle. Mais néanmoins on peut trouver un argument en faveur du point de vue réaliste qui est le mien, dans ce fait que l'histoire ne nous offre encore aucun exemple de classe ayant spontanément renoncé à ses privilèges et dans chaque cas qui se présente nous pouvons sans peine donner une explication simple et réaliste. D'autre part, nous avons d'innombrables exemples de réformes qu'avaient entreprises des philanthropes, des bureaucrates quelque peu idéologues, et qui bientôt sont venues échouer contre le « rocher de bronze » des intérêts de la classe dirigeante. On nous cite volontiers, à nous les sceptiques, la nuit du 4 août 1789, mais on oublie que des centaines de châteaux brûlaient en France ; on nous cite la réforme agraire en Prusse et on publie non seulement la révolution française, mais encore la déclaration de 1816 ; on nous cite... mais à quoi bon accumuler les exemples : que l'on nous montre dans l'histoire une seule occasion où une classe privilégiée ait contre son intérêt et pour des motifs altruistes consenti à faire des concessions importantes ! On cite le cas de personnalités éminentes. Certainement. Pourquoi non ! Nous voyons cela tous les jours mais toute une classe, non ? S'il en est ainsi, on doit conclure avec les paroles du grand réaliste : « La force seule triomphe ».

Nous trouvons donc comme dernier terme de ce raisonnement d'abord la différence des classes, ensuite l'intérêt de classes, puis les antagonismes de classes et enfin la lutte de classes. C'est de la sorte que Marx aurait dû développer la théorie de la lutte de classes, s'il avait voulu entreprendre cette démonstration psychologique facile qui, pour lui devait être sous-entendue.

Retournons maintenant à Marx et à la signification de sa théorie pour le mouvement social. Nous ne pouvons résumer notre jugement qu'en disant que l'apparition de Karl Marx marque un changement décisif dans le mouvement, parce que grâce à lui, ce mouvement s'appuie sur une philosophie de l'histoire et du monde radicalement différente. Ce changement est provoqué, en un mot parce que la conception idéaliste, ou plutôt idéologique, est remplacée par une conception réaliste et par suite l'idée de révolution dans le mouvement social par l'idée d'évolution ; l'esprit du XVIIIe siècle est supplanté par l'esprit du XIXe siècle. Vous vous en souvenez, j'ai essayé de vous faire comprendre l'essentiel de cet esprit à l'aide des écrits des utopistes.

C'est encore une fois la conception idéaliste de l'homme et de la vie que nous voyons de plus en plus se retirer du domaine de la vie publique dans les cabinets des savants (Je reproduis dans ce qui suit certains passages de mon travail sur Frédéric Engels, Berlin 1895), c'est la croyance en la bonté naturelle de l'homme qui, jusqu'au jour où il a été trompé par les errements ou la méchanceté de quelques mauvais sujets, a vécu en parfaite harmonie avec ses frères ; c'est la croyance à « l'ordre naturel ») dans le passé et dans l'avenir, c'est l'espérance inébranlable que des lumières intellectuelles, que des paroles suffiraient pour ramener les hommes de cette vallée de larmes aux îles riantes des Elysées, la croyance à la puissance de l'amour éternel qui vaincra le mal par sa propre force et aidera le bien à triompher.

Telles étaient les idées qui dirigeaient tout le mouvement politique et social sans que les chefs eux-mêmes en eussent toujours une conscience bien nette, et qui aujourd'hui encore sommeillent au fond de l'anarchisme comme un instinct inexprimé et irraisonné. Ce caractère fondamental a fait place à un caractère tout à fait opposé : la croyance à l'homme naturellement bon a disparu devant la conviction que l'homme est conduit plutôt par des motifs égoïstes que par des motifs désintéressés, qu'il porte en lui la bête humaine, malgré tout progrès, en dépit de toute civilisation. Il en résulte qu'il faut, pour réaliser quoi que ce soit dans le monde, éveiller avant tout l' « intérêt » des appétits matériels, normaux, et aussi - c'est d'ailleurs là la conséquence la plus importante pour la destinée futur du mouvement social - précisément parce que c'est l'intérêt qui régit le monde, partout où il faut aboutir à quelque chose, transformer une situation dans un sens déterminé, « émanciper » une classe comme celle du prolétariat, non pas opposer aux intérêts, des capitalistes l'amour éternel, mais qu'il faut contre la force en appeler à une autre force réelle consolidée par l'intérêt : c'est cette considération qui conduit en dernière instance non seulement à la théorie, mais aussi à la pratique de la lutte de classes.

La lutte, tel devint le mot d'ordre de cette génération prolétarienne dure et farouche qui grandit dans la deuxième moitié de notre siècle : pas de paix, pas de conciliation, pas de fraternité universelle... mais la lutte. Que cette lutte ne soit pas une guerre des rues, cela ne change rien au fait qu'elle reste une lutte : mais c'est dans la lutte aussi que devait se former une génération d'hommes qui fût capable de vivre et d'agir dans une forme de société supérieure telle que celle qui sort en ce moment de la société capitaliste.

C'est cela que j'appelle la conception réaliste du mouvement social: incontestablement elle est la conséquence de la théorie marxiste du monde et de la société que je me suis proposé d'esquisser. Grâce à cette théorie, le réalisme politique et social qui déjà commençait à s'affirmer dans des cas isolés d'une façon empirique, a pu devenir le principe même du mouvement social, Le réalisme politique et social donne le coup de grâce à toute utopie et à tout révolutionnarisme, au moins théoriques. Utopistes étaient les ouvriers de Lyon comme les chartistes révolutionnaires, car les uns et les autres répandirent des fleuves de sang et aboutirent seulement à renforcer la réaction ; utopistes aussi les nombreux révoltés, les affiliés de clubs et les blanquistes qui voulaient par des conspirations et la bagarre des rues enchaîner pour l'avenir l'évolution économique ; utopistes encore et rien que cela les prestidigitateurs qui offraient sur le marché les remèdes les plus hétérogènes (banques d'échange, organisation du travail, etc.) ; et ceux-là aussi qui croyaient à l'omnipotence des faiseurs de projets ; utopistes enfin ceux qui espèrent toujours, malgré tout par un appel au bon cœur des philanthropes, adoucir ou faire disparaître les souffrances du prolétariat. L'œuvre de Karl Marx a été de supprimer la phrase dans le domaine politique et social.

Et maintenant, pour conclure, je vais résumer encore une fois brièvement la signification historique des doctrines marxistes. En proposant au mouvement social la socialisation des moyens de production comme but et la lutte de classes comme moyen, il posa les deux piliers sur lesquels devait s'élever l'édifice. C'était assez pour créer l'unité de conscience et ce n'était pas trop pour empêcher le développement des particularités nationales et autres. En faisant entrer le mouvement social dans le cours du devenir historique, il le mit en accord théorique avec les facteurs objectifs et subjectifs de l'histoire. Il lui donna pour base les conditions réelles de l'économie et du caractère humain et il montra leurs déterminants économiques et psychologiques.

C'est ainsi que je comprends Marx quand j'essaye d'approfondir l'esprit de sa doctrine : c'est cela qui constitue le sens profond du marxisme.

Certes, Marx et Engels apparaissent à l'interprétation commune sous un jour bien différent de celui sous lequel je les ai montrés. Ce sont les nombreux « accidents » dont je vous ai parlé, grâce auxquels on s'est fait d'eux une idée tout autre. Il faut que je dise quelques mots de ce sujet.

L'opinion courante voit dans ces hommes toute autre chose, l'opposé même des réalistes qu'ils sont : elle voit en eux les pères et les gardiens de l'idée révolutionnaire. Quel est celai qui lisant leurs écrits ne se croirait pas autorisé à partager cette opinion ? On y parle du bruit des chaînes qui doivent être rompues, des révolutions vers lesquelles on va, des luttes sanglantes, du meurtre et des tueries. Où est la question ?

Marx aurait dit lui-même une fois : « Moi je ne suis pas marxiste », mais il donnait probablement à ces paroles une autre signification que moi, lorsque je dis que Marx et Engels n'ont pas toujours été des marxistes conséquents soit en théorie soit en pratique.

Sans aucun doute on peut découvrir dans la théorie des erreurs, et des inconséquences par rapport aux idées directrices fondamentales, et surtout des inconséquences dont l'origine est la même : la passion révolutionnaire débordante qui trouble le regard d'habitude si clair.

Je fais allusion par exemple à cette croyance gratuite à ce que l'on pourrait appeler la décadence de l'humanité provoquée par l'introduction de la propriété privée ; c'est à dater de ce moment que commencerait l'« histoire » et qu'agiraient les forces motrices de l'histoire, mais qui a introduit la propriété privée, se demande le lecteur surpris. Je fais aussi allusion à l'hypothèse d'une société humaine où la lutte serait supprimée après l'introduction du socialisme et à d'autres idées analogues. Ici et partout ailleurs ce sont sans doute les vieilles rêveries du paradis perdu et reconquis, de l'âge d'or de l'humanité primitive qui troublent l'harmonie du système nouveau.

Et ce qui arriva pour la théorie, advint également pour la vie de Marx et d'Engels. Ici encore le vieil Adam révolutionnaire surgit à tout moment pour leur jouer un bon tour. Depuis 1845 ils n'ont pas cessé de rêver de révolutions, de vraies révolutions où cela chaufferait, et de prédire leur explosion prochaine. Cela ne pouvait être que le résultat d'une analyse non réaliste de la situation et d'un jugement erroné sur les relations des forces politiques, économiques et sociales, par conséquent une erreur sur la vitesse, si ce n'est point une inconséquence par rapport au principe suprême de la théorie à savoir que « les révolutions ne peuvent pas être faites ».

Au point de vue psychologique il est très facile d'expliquer ces contradictions. Tous deux, Marx et Engels, n'ont cessé leur vie durant de représenter par la nature de leur esprit le réalisme dont nous avons tiré l'essence.

Mais n'oubliez pas qu'ils avaient conçu leur doctrine au bruit des batailles révolutionnaires, qu'ils avaient été eux-mêmes de ces esprits ardents qui, pour porter en Europe la torche incendiaire, allaient de pays en pays sans se lasser, tout pareils à des écureuils au travers du monde. Songez quel ressentiment et quelle haine devaient s'amasser dans ces Ames de réfugiés qui toute leur vie n'ont récolté de la part de leurs puissants adversaires que railleries, mépris et persécutions ! Comprenez quel empire sur soi-même il faudrait avoir pour ne pas mordre à toute occasion l'ennemi détesté ! Quand ces rancunes si profondes se ravivent dans l'âme des vieux héros révolutionnaires, quand la fureur leur serre la gorge, alors l'esprit réaliste disparaît, la vieille passion de révolte éclate et remplit tout l'être. Néanmoins j'ai raison de penser que le réalisme politique et social est la caractéristique du marxisme : cela ressort clairement des divers manifestes et professions de foi de ses fondateurs qui correspondent à toutes les périodes de leur vie. Toutes les fois qu'ils mettent en lumière leur point de vue, c'est en exprimant une opposition catégorique an révolutionnarisme bateleur, au « putchisme ». La discussion avec le parti de Willich Schapper en 1850, la lutte contre Bakounine dans l'Internationale dont nous reparlerons, les attaques dirigées contre les anarchistes, la polémique avec Dühring, l'exclusion des « jeunes » ; tout cela tend enfin à faire triompher dans le mouvement social le principe de l'évolution. Il est encore très facile d'expliquer au point de vue psychologique pourquoi la conviction véritable apparaît en ces occasions.

Un écrit d'Engels (*l'Introduction aux luttes de classes en France*), écrit publié peu de temps avant sa mort, est le dernier mot du marxisme et contient pour ainsi dire le résumé de sa doctrine. C'est une sorte d'épilogue au drame de ces deux vies, une sorte de confession. Il contient aussi les dernières exhortations que le mourant adressait au prolétariat en lutte. Et ici une fois encore s'affirme dans toute sa pureté, tel qu'il me parait ressortir de la doctrine, le point de vue net et conséquent où Marx et Engels se placent pour concevoir l'histoire. Cette introduction nous apprend peut-être le mieux et le plus promptement de quelle manière Marx et Engels comprenaient en dernier lieu le mouvement. Permettez-moi de citer ici quelques passages parmi les plus significatifs. « L'histoire nous a donné tort à nous et à tous ceux qui pensent comme nous, qui avons cru en 1848 au triomphe du prolétariat dans un avenir très proche. Elle nous a démontré que l'état du développement économique sur le continent était loin d'être assez mûr pour que la production capitaliste pût être supprimée ; elle l'a prouvé par la révolution économique qui depuis 1848 a gagné tout le continent, qui seule a introduit réellement la grande industrie (encore très extensible vers 1848) en France, en Autriche-Hongrie, en Pologne et récemment en Russie et qui de l'Allemagne a fait un pays industriel de premier ordre. Aujourd'hui la grande armée une et internationale des socialistes marche irrésistible, progressant chaque jour par le nombre, par l'organisation, par la discipline, par la conscience et par la conviction en la victoire finale. Si cette armée n'a pas encore triomphé, si loin de remporter la victoire d'un seul coup elle doit s'emparer des positions une à une par une lutte opiniâtre, cela prouve de façon définitive qu'il eût été impossible en 1848 d'accomplir une transformation sociale par un coup de main. L'époque des coups de main, des révolutions faites par de petites minorités entraînant des masses inconscientes, cette époque est passée. Là où il est question d'une transformation sociale complète il faut que les masses soient de la partie, qu'elles comprennent de quoi il s'agit et pourquoi leur devoir est de lutter. Telle est la leçon que nous a donnée l'histoire de ces cinquante dernières années. Mais pour que les masses comprennent ce qu'elles doivent faire, un labeur long et persévérant s'impose.

« C'est ce travail que nous accomplissons et avec un succès qui désespère nos ennemis. L'histoire ironique bouleverse les rôles.

« Nous « les révolutionnaires », les « destructeurs », nous réussissons beaucoup mieux par les moyens légaux que par les procédés illégaux et par le bouleversement. Les partis de l'ordre, comme ils s'intitulent eux-mêmes, périssent par la situation qu'eux-mêmes ont créée. Ils s'écrient désespérément comme Odilon Barrot : la légalité nous tue... tandis que cette légalité nous donne muscles fermes et joues roses : nous semblons vouloir vivre éternellement ».

Ce qu'expriment ces paroles c'est, il me semble, une adhésion sans réserve au marxisme.

Chapitre VI

La tendance à l'unité

Depuis longtemps se répand
dans des masses entières ce qui
était sa propriété exclusive, ce
qui était à lui seul.

Karl Marx avait terminé son Manifeste par les paroles fameuses « Prolétaires de tous les pays, unissez-vous ! » Il les avait prononcées à la veille de la Révolution de 1848, mais à cet appel – nous pouvons le dire en toute assurance - rien n'avait répondu. Le mouvement de 1848 qui, en différents points, fut, je l'avoue, socialiste et prolétarien, s'épuisa dans les pays isolés où il s'était manifesté : en Allemagne où Marx lui-même prit part au combat, il n'eut qu'une importance insignifiante. En Angleterre on crut presque que la Révolution de

Février insufflerait une vie nouvelle au chartisme qui se faisait vieux, mais le chartisme était déjà mort. Le mouvement français resta seul. Comment il se termina, vous le savez. Ensuite, avec les années qui suivirent 1850, c'est la nuit profonde de la réaction qui tomba sur l'Europe entière. Tous les germes de vie ouvrière indépendante ont été étouffés. En Angleterre seulement se développe un mouvement syndical.

Ce n'est qu'après 1860 que la vie commença de nouveau à circuler dans la classe ouvrière. Celle-ci, peu à peu, se remettait des commotions et des répressions qu'elle avait supportées en 1848 et après, et de nouveau commençait à comprendre l'intérêt qu'il y avait pour elle à participer à la vie publique. Et ce qui est bien caractéristique, c'est que cette manifestation de vie nouvelle et indépendante reçut tout aussitôt un cachet international. Évidemment cela ne fut pas un effet du hasard. De même, le hasard n'a aucune part dans ce fait que, ce fut durant une exposition universelle que, pour la première fois, les travailleurs de tous les pays se tendirent la main. La raison, c'est que l'évolution du capitalisme lui-même entrait dans le stade de l'internationalisme. Les États continentaux de l'Europe s'étaient mis à suivre l'exemple de l'Angleterre. La politique commerciale fut pour la première fois débarrassée, par une série de conventions, de son caractère d'exclusivisme et réglée de façon à favoriser l'unification de la vie économique en Europe.

Depuis son apparition dans les premières années qui suivirent l'année 1860, l'idée de l'internationalisme n'a plus jamais disparu du mouvement ouvrier, bien que dans son mode de réalisation elle ait subi de multiples transformations.

Vous montrer comment après plusieurs tentatives malheureuses, la tendance à l'internationalisme a réussi à s'imposer et comment, liés à elle dans leur but et leur direction, les mouvements sociaux dans les différents pays ont convergé vers l'unification - c'est-à-dire une commune adhésion aux articles principaux du programme marxiste - telle doit être ma tâche dans les pages qui vont suivre.

La première forme sous laquelle se manifeste cet effort pour organiser le prolétariat international, ce fut la célèbre Association internationale des travailleurs. Permettez qu'ici je m'attarde un peu plus. Au point de vue des principes cette association a une grande importance et un intérêt double. D'abord, par elle, grâce à son déclin rapide, on a vu réduite *ad absurdum* une forme déterminée de l'internationalisme. D'autre part, en elle sont apparus avec une netteté frappante les antagonismes qui devaient traverser tout le mouvement social ultérieur.

Ce fut en 1862 que des ouvriers français envoyés à l'exposition universelle de Londres se concertèrent pour déterminer ensemble leurs tendances communes. D'autres entrevues eurent lieu et, en 1864, une association fut fondée qui devait dans une action commune, dans une commune marche en avant, confondre les représentants des travailleurs malgré la diversité des pays. Ce fut l'Association internationale.

Quel pouvait être le but, le sens d'une telle union fraternelle ? Évidemment, il y avait deux manières de le concevoir. On pouvait s'en tenir à installer une sorte de bureau de correspondance, c'est-à-dire un office central où les travailleurs de tous les pays seraient rapprochés par un secrétariat commun, auquel ils pourraient s'adresser pour obtenir tous les renseignements relatifs au mouvement social, mais qui n'influerait aucunement sur les tendances des ouvriers de chaque pays. La plupart des hommes qui, en 1862 et en 1864, s'emparèrent de cette idée dune association internationale et tentèrent de la réaliser, se l'imaginaient certainement sous cette forme peu consistante.

L'autre conception allait plus loin : ce qu'il fallait, c'était créer un organe central pour le mouvement ouvrier, un poste d'où l'on pourrait diriger, inspirer les mouvements du travail et exercer une influence sur chacun des partis nationaux. Le représentant le plus éminent de cette dernière opinion était Karl Marx, qui devait jouer un rôle décisif dans la formation de l'Association internationale. Pour lui, il fallait que cette association internationale fût en quelque sorte la première réponse à cet appel qu'il avait lui-même lancé dans le monde « Prolétaires de tous les pays, unissez-vous ! »

Et si Marx voulait créer un organe central et unifier les mouvements nationaux en y faisant pénétrer un esprit unique, c'est que pas un instant il ne mettait en doute que cet esprit ne fût celui de sa doctrine. Néanmoins il voyait la situation avec assez de netteté pour comprendre que la plus grande prudence lui était nécessaire pour confondre dans un grand courant la multitude des petits courants.

L'Association internationale des travailleurs fut fondée sur la base de l'« Adresse inaugurale » et des « Statuts » qui tous les deux furent rédigés sur le plan de Marx et pour lesquels la rédaction même de Marx fut adoptée. Il y fait preuve d'un grand talent de diplomate. L'Adresse inaugurale est un vrai chef-d'œuvre d'habileté : son plan est peu clair, mais l'auteur est

Marx, donc l'obscurité est voulue. Il lui fallait concilier des tendances opposées : les proudhoniens et les coopérateurs en France, les syndicats en Angleterre, les amis de Mazzini en Italie, les partisans de Lassalle en Allemagne, et ce résultat est atteint d'une façon admirable. Il y a dans l'Adresse de quoi satisfaire tout le monde. Elle montre dans une peinture saisissante la misère de la classe ouvrière sous le joug capitaliste, mais elle trouve aussi des paroles d'approbation pour les résultats obtenus par les trade-unions anglaises. Elle vante les avantages et les succès de la coopération libre - Proudhon, Buchez ; mais elle a également un mot aimable pour les coopératives de production subventionnées par l'État - Lassalle, Louis Blanc.

Tout cela aboutit à cette conclusion, qui avait les sympathies de tous, à savoir que le prolétariat de tous les pays devait être conscient de sa solidarité internationale. Quelques lieux communs sentimentaux, que Marx dut laisser tomber de sa plume à regret, aplanissent les différences nationales et concilient leurs représentants. Les « Statuts », il est vrai, commençaient par une série de « considérants » qui contenaient, *in nuce* les principes du marxisme avec quelques concessions - je retiens comme exemple l'appel à la vérité, à la justice et à la morale ; mais ici encore on évite tout ce qui aurait pu importuner. On pouvait avec un peu de confusion y voir toute antre chose et en tous cas on ne se sentait pas lié. De l'objet de l'Association internationale il était peu question. Et son activité pendant les premières années s'employa surtout à soutenir les grèves : aussi inspira-t-elle au commencement de vives sympathies dans beaucoup de milieux, même en dehors du prolétariat.

Mais, depuis lors, Marx voulut réaliser ses plans d'une façon systématique, c'est-à-dire faire pénétrer peu à peu son esprit dans l'Association internationale des travailleurs et diriger par son intermédiaire le mouvement de tous les pays. Si nous jetons un regard sur les congrès de l'Association internationale à Genève 1866, à Lausanne 1867, à Bruxelles 1868, à Bâle 1869, nous voyons comment, petit à petit, de congrès en congrès, les idées marxistes sont absorbées de plus en plus, imperceptiblement, sans que jamais le *spiritus rector* ait paru sur la scène ; mais une chose est intéressante à remarquer et bien significative du degré de développement qu'avait atteint à cette époque le mouvement social, c'est que le temps où toute la classe ouvrière en Europe sera pénétrée d'esprit marxiste n'est pas encore arrivé. Car au fur et à mesure que l'internationale se pénètre d'esprit marxiste il s'élève de toutes parts une opposition. Ce sont d'abord les proudhoniens qui résistent, puis c'est le tour des syndicats, surtout à partir du moment où Marx eut témoigné sa sympathie pour la Commune de Paris ; les partisans de Lassalle commencent aussi à murmurer. Une grande partie de l'opposition se cristallise vers 1870 dans un seul homme, dans Michel Bakounine. Des querelles et des froissements personnels ont-ils contribué à susciter cette opposition ? Cela n'a pas d'intérêt pour nous. Il est possible que les haines de personnes aient joué un certain rôle dans la dislocation de l'Internationale. Mais il me semble néanmoins qu'un antagonisme théorique sérieux était au fond de cette campagne que Bakounine menait contre Marx. Bakounine fonda en 1868 « l'Alliance internationale de la démocratie socialiste », dans laquelle entrèrent surtout des socialistes italiens et espagnols, et aussi quelques Français, et dans cette

« Alliance » apparaît de façon nette et tranchante la différence radicale qui le sépare des tendances de l'autre parti, de Marx. Le point sur lequel porte en dernier lieu la différence, c'est l'antagonisme entre le révolutionnarisme d'une part et le principe de l'évolution de l'autre, entre la conception idéaliste et la conception réaliste de l'histoire. Toute la propagande de Bakounine repose sur l'idée d'une révolution violente, sur cette croyance que les révolutions doivent être faites parce qu'elles peuvent être faites. Marx au contraire défend l'idée fondamentale de sa doctrine, selon laquelle les révolutions sont tout au plus le dernier terme dune série évolutive dans l'économie - l'enveloppe qui se rompt sous l'effort du fruit mûr.

L'opposition de Bakounine entraîne enfin, comme on le sait, la dissolution de l'Association internationale des travailleurs. En 1872, le siège du Conseil général est transféré à New York, dans le but évidemment d'éviter l'enterrement solennel de l'Association.

Auparavant les bakouninistes avaient été « exclus », et, par eux, on avait préludé à cette série « d'exclusions » du cercle des orthodoxes, à cette série d'excommunications qui, comme vous le savez, n'est nullement close aujourd'hui encore. L'expulsion des bakouninistes procède du même ordre d'idée que la récente expulsion des anarchistes au congrès de Londres. Il s'agit toujours du même débat : socialisme et anarchisme, ou, plus exactement, révolutionnarisme et évolutionnisme.

C'est ainsi qu'avorta la première tentative faite pour unir les prolétaires de tous les pays : des années s'écouleront avant que l'idée de la solidarité internationale redevienne l'idée dominante de la classe ouvrière. Malgré sa rapide décadence l'Internationale a une grande signification historique : elle a réussi à donner une expression assez nette à la solidarité internationale des intérêts du prolétariat ; en second lieu, c'est aussi en elle que, pour la première fois, le mouvement social de tous les pays a pris contact avec le système marxiste, que, pour la première fois, il a été, si je puis dire, corrompu par l'esprit marxiste.

L'impulsion initiale était donnée pour faire entrer graduellement l'agitation internationale dans la ligne médiane des idées marxistes. Mais, cette unification devait s'opérer définitivement de bien autre façon que ne l'avaient imaginé les fondateurs de l' « l'Association internationale des travailleurs » ; on s'était engagé dans une fausse voie et ce fut la perte de l'Internationale. On avait tenté d'introduire, d'inculquer pour ainsi dire du dehors au dedans les idées de solidarité et d'union dans les mouvements ouvriers. Cette idée en réalité n'est nullement marxiste : dans cette circonstance encore Marx ne se montra pas fidèle au marxisme. Le moyen de réaliser l'unification était inverse : du dedans au dehors. Il était nécessaire que le mouvement dans les différents pays se fût débarrassé, dans une certaine mesure, de ses particularités nationales, il était nécessaire que l'évolution économique dans son action unifiante se fît encore plus accentuée, pour que le prolétariat arrivât de lui-même, pour ainsi dire du

Dedans au dehors, à la conscience de sa solidarité internationale et qu'il reconnût l'identité des points principaux de son programme.

Je puis désigner cette simplification intérieure et extérieure qui se produisit pendant les dix dernières années comme la troisième étape de l'évolution du mouvement ouvrier et considérer comme formant la deuxième étape, l'époque de la pénétration, de l'imprégnation du socialisme et en premier lieu de la démocratie socialiste *allemande* par la doctrine de Marx. Celle-ci devint pour ainsi dire l'organe à l'aide duquel ses idées se propagent dans les autres pays.

En Allemagne grandit, comme on le sait, un mouvement social qui après avoir débuté dans un mélange d'esprit marxiste et lassalléen s'est bien vite développé suivant le pur esprit marxiste. Je vous rappelle l'étape suivante de son évolution : lorsqu'il y a 32 ans une balle meurtrière toucha Ferdinand Lassalle à Genève, le mouvement ouvrier perdit le seul homme qui le représentait ; car derrière lui, pour le moment, il n'y avait rien. L'Union Générale des travailleurs ne comptait au moment où il ferma les yeux que 4610 membres. - Et c'est ainsi que, pendant quelque temps après la mort de Lassalle, tout le mouvement se résuma dans un confus brouhaha de querelles mesquines. - Une coterie de personnes tint lieu de parti social. Ainsi, en Allemagne, le champ se trouva déblayé pour qu'un nouveau mouvement démocrate socialiste, ayant ses origines ailleurs, pût se développer librement. L'initiateur ce fut, en 1864, Wilhem Liebknecht qui vint en Allemagne comme représentant direct de Marx pour y organiser le mouvement ouvrier sur une base nouvelle à côté du parti de Lassalle et en se maintenant strictement dans la doctrine de Marx. Il avait à son service une force juvénile, *Auguste Bebel*, le maître tourneur, qui, à 24 ans, était déjà président de plusieurs sociétés ouvrières : ces sociétés faisaient partie de l'aile radicale du parti progressiste. Ce sont elles, on le sait, qui, en 1868, à Nuremberg, prirent la résolution (14000 ouvriers étaient représentés), d'abandonner Schulze pour Marx. La résolution qui motivait ce changement avait été rédigée par Liebknecht et inspirée par la doctrine marxiste. Ainsi fut fondé, en Allemagne, en 1868, un nouveau parti socialiste qui, après le congrès d'Eisenach, eut pendant quelque temps, sous le nom des « Honnêtes », une existence indépendante du parti de Lassalle jusqu'en 1875, époque à laquelle s'effectua, à Gotha; la fusion du groupe de Lassalle avec celui de Bebel. Depuis cette époque, comme vous le savez, il n'existe plus qu'un seul parti démocrate-socialiste. Le fait important et décisif le voici : cette union, qui reposait, sur un soi-disant compromis entre Lassalle et Marx, était, en réalité, dirigée par les marxistes, et ceux-ci, s'avançant pas à pas, gagnaient de plus en plus de terrain dans le parti. Le programme de Gotha est resté pendant 16 ans la base du mouvement en Allemagne et ce n'est qu'en 1891 qu'il a été remplacé par un nouveau programme, celui d'Erfurt, qui forme actuellement le credo du parti démocrate-socialiste en Allemagne. Le programme d'Erfurt, conçu dans un esprit strictement marxiste, ne renferme qu'un exposé des dogmes marxistes appropriés à la nécessité du moment, de même que l'Apostolique dans l'œuvre de Luther. Je voudrais au moins en quelques mots entrer dans l'ordre d'idées de ce programme. Il commence par les propositions suivantes : « Le développement économique de la société bourgeoise amène nécessairement (mit, Naturnotwendigkeit) la disparition de la petite industrie qui repose sur la propriété par le travailleur de ses instruments de production. Elle sépare l'ouvrier de ses instruments de production et le transforme en prolétaire dépourvu de propriété, tandis que les moyens de production deviennent le monopole d'un nombre relativement très restreint de capitalistes et de grands propriétaires fonciers » etc.

Le point de départ, comme vous le voyez, est l'idée suivante : Le développement économique s'effectue d'une façon déterminée et, précisément parce qu'il s'effectue de cette façon déterminée, s'accomplissent toutes les choses dont il s'agit dans le programme. Cette idée essentiellement marxiste, selon laquelle il faut partir de la transformation économique, sert donc de base au programme d'Erfurt. On démontre ensuite comment, créé par l'évolution économique, le conflit se développe sous forme de lutte de classes et on conclut que la transformation des moyens de production en propriété sociale seule peut résoudre le conflit. Le programme d'Erfurt conçoit la tactique du parti en vue de laquelle il avait été fait de la même façon que le manifeste du parti communiste : un parti politique ne peut faire d'autre besogne que de rendre les travailleurs conscients de l'évolution économique actuelle.

Voici le texte : « Rendre la lutte de la classe ouvrière consciente, l'unifier et lui indiquer son but fatal (naturnotwendig) : telle est la tâche du parti démocrate socialiste. » Ce qui est intéressant pour nous, c'est que le mouvement allemand, petit à petit, sans interruption, s'est laissé pénétrer, imprégner par les idées marxistes et., que par lui, graduellement, ces idées gagneront les autres pays.

Si vous me demandez comment s'effectue la propagation progressive des idées marxistes et en même temps l'unification du mouvement ouvrier; il me semble que nous devons attacher de l'importance aux points suivants. C'est en 1873 que l'Internationale prit fin. Avec elle on pouvait croire que disparaissait définitivement le caractère international du mouvement social. Mais depuis une dizaine d'années nous avons de nouveau des congrès ouvriers universels, corporatifs, internationaux. L'année 1889 ouvre la série avec le congrès ouvrier de Paris, qui coïncide, lui aussi, avec une exposition universelle. C'est, sous une forme nouvelle et plus libre, l'idée de l'ancienne Internationale, mais réalisée d'une façon complète et dans un cercle plus large que l'Association internationale des travailleurs n'avait pu le faire. L'Association internationale des travailleurs ne fut en définitive qu'un groupement de représentants et de secrétaires ; les masses figurent à peine sur le papier. Les congrès où se réunissent actuellement les travailleurs reposent, selon moi, sur une base infiniment plus large ; car, en dépit des « exclusions » et des tiraillements, ces congrès représentent en somme l'accord de toute la classe ouvrière consciente et organisée, et, devant l'évidence de ce fait, nous ne pouvons plus fermer les yeux depuis que les trade-unions anglaises se font représenter à ces congrès, autrement dit depuis qu'ils sont devenus ce que l'on est convenu d'appeler des congrès *socialistes et corporatifs*. Par eux, malgré les divergences, d'opinion qui se produisent sur certains points, l'internationalisme et la solidarité du prolétariat tout entier sont affirmés de façon bien nette, comme jamais ils ne furent affirmés dans aucun congrès de l'Internationale. Et si les portraits de Marx et d'Engels sont présents à toutes les nouvelles assises du prolétariat international ce n'est certes point par l'effet du hasard, ni par un souci de décoration.

Mais en même temps nous observons toute une série de moments et nous voyons clairement que dans tous les pays, le mouvement se rapproche de plus en plus d'une ligne moyenne, formée par les principes directeurs du programme de Marx. Il faut surtout rappeler ce fait significatif que les Français, dont l'esprit à l'origine était peu tourné vers les préoccupations économiques, se sont mis à organiser un puissant mouvement économique. La création des bourses du travail est une preuve de l'intensité avec laquelle on s'emploie en France à organiser cette forme du mouvement social. En se rattachant à ces institutions de luttes de classes, le mouvement coopératif trouve aussi une force nouvelle.

Et tandis que les Français révolutionnaires et politiciens se tournent vers les préoccupations économiques, nous voyons d'autre part *la classe ouvrière anglaise* s'éloigner de plus en plus de son point de vue purement syndical, purement manchestérien.

Je n'ai jamais cru, quand on l'a annoncé à la suite d'une résolution fortuite d'un congrès syndical, que les trade-unions anglaises soient passées musique en tête dans le camp socialiste. Ce n'est pas ainsi que s'effectuent les changements décisifs dans la vie sociale ; il leur faut une longue préparation. Et les incidents survenus au Congrès de Londres ont bien prouvé combien est grande encore l'antipathie des syndicats anglais vis-à-vis des différentes écoles du socialisme continental.

Mais toutes ces réserves faites, il est impossible de ne pas constater ce fait que le mouvement ouvrier anglais s'est rapproché sur des points décisifs du mouvement continental, c'est-à-dire que, tout au moins, il commence à devenir socialiste par le but poursuivi, et politique par les moyens employés. Que « le parti indépendant du travail » ne joue encore aucun rôle en Angleterre, cela ne prouve rien. Les conditions très spéciales de la vie parlementaire anglaise rendent inutile, dans certaines circonstances, une représentation proprement ouvrière au Parlement. Mais les trade-unions anglaises, même les anciennes, s'efforcent bien plus qu'autrefois de mettre la main sur le gouvernail de la législation : cela, quiconque a souvenance des événements de ces dix dernières années, ne saurait le mettre en doute. Je vous rappelle seulement ce fait que, sauf une petite minorité - ayant d'ailleurs un intérêt tout particulier dans la question, - les trade-unions ont inscrit sur leur programme la journée légale de huit heures. Autre chose encore : malgré les clauses et les restrictions dont elle a été entourée, la résolution des syndicats anglais, en 1894, demeure intacte : la socialisation des moyens de production, surtout des plus importants, doit être considérée comme le but du mouvement. Est-ce autre chose que la conversion de la classe ouvrière anglaise au socialisme ?

En *Allemagne* nous avons observé que cette ligne médiane sur laquelle le mouvement social commence à se régler avait été dès le début suivie à peu près. Il s'agissait seulement de se débarrasser de quelques traits particuliers hérités de Lassalle, d'écarter quelques enfantillages révolutionnaires comme il en avait surgi vers 1870, et, avant tout, de laisser davantage le champ libre au mouvement syndical, de façon à réaliser le programme minimum (si je puis ainsi parler) de tout mouvement social. Ce programme, pour le résumer une fois de plus, est ainsi formulé : le but du mouvement social est la socialisation démocratique des moyens de production les plus développés au point de vue technique ; le moyen pour atteindre ce but, la lutte de classes.

Celle-ci se présente sous deux formes ayant même valeur : la forme économique, qui trouve son expression dans le mouvement syndical, et la forme politique, qui trouve son expression dans la représentation au parlement. Le mérite d'avoir formulé ces propositions appartient en propre à Karl Marx : c'est pourquoi nous croyons pouvoir dire avec raison qu'il y a eu pénétration graduelle de tout le mouvement social de notre époque par l'esprit marxiste.

Dans les pays dont le développement capitaliste est de date plus récente, par exemple l'Italie, l'Autriche, la Russie, le mouvement dès son origine s'est dirigé dans le sens de ce programme : c'est un fait que vous ne devez pas oublier.

Mais si je crois apercevoir une telle unification, cela ne veut point dire que je voie seulement le schéma uniforme du mouvement social dans les différents pays. Je suis loin de méconnaître l'infinie diversité qui a subsisté dans les nations et qui à tout moment réapparaît. J'ai même essayé de vous montrer comment ces particularités étaient déterminées nécessairement et comment, ne serait-ce que sous l'influence de la tradition historique et de la variété des tempéraments nationaux, elles devaient jusqu'à un certain point subsister toujours !

Donc, si je parle d'unification, comme je l'ai d'ailleurs expliqué à plusieurs reprises, j'entends par là la tendance à réaliser l'unification au travers des particularités nationales. Le mouvement social présentera toujours deux tendances : une tendance centripète et une tendance centrifuge.

Celle-là, tirant son origine de l'évolution du capitalisme, sortie d'un complexus de causes uniformes, pousse à l'uniformité ; l'autre, résultant des particularités nationales, produite par une série de causes variées pousse à la diversité.

J'ai tâché de vous faire voir aujourd'hui comment agit la tendance centripète. Ma prochaine conférence aura pour objet de vous présenter dans un exposé systématique les particularités diverses dont nous avons parlé incidemment au cours de mes précédentes conférences. Ainsi seulement je pourrai vous donner l'idée complète de ce qu'il y a d'essentiel dans le mouvement social moderne.

Chapitre VII

Courants contemporains

> « D'habitude l'homme se débat longtemps avant de congédier le sot qu'il porte dans son sein ; avant de reconnaître une erreur capitale, d'avouer une vérité qui le met au désespoir. »
>
> - Goethe ; *Wilh. Meisters Lehrjahre.*

Quel homme, attentif aux événements du jour, n'a pas été frappé des nombreux antagonismes qui se font remarquer dans le cadre du grand mouvement social ? L'œil du spectateur inexpérimenté, de celui surtout qui est trop près de l'agitation de la place publique pour conserver le regard libre et apercevoir de vastes étendues, oubliera facilement de regarder au-dessus de ces antagonismes, ce qui fait le mouvement unique, ce qui le fait uniforme. Maintenant que nous avons pris une claire notion de ceci, nous pourrons, je l'espère, comprendre de la même manière ces différences, ces antagonismes bien exactement, c'est-à-dire dans ce qu'ils ont de nécessaire et d'essentiel.

Autant d'antagonismes autant de causes. Combien souvent ce sont des différends personnels qui dans les circonstances actuelles, ont l'apparence de différences objectives ! La vanité blessée, le besoin de dominer, l'incompatibilité des caractères, la méchanceté, la malhonnêteté, d'innombrables traits de caractère peuvent donner lieu à des tiraillements et à des querelles.

Mais le théoricien de la vie sociale n'a pas à se préoccuper de cela. Ce qui l'intéresse ce sont les antagonismes qui reposent sur des différences objectives. Et ils sont nombreux aussi, car nombreuses sont les raisons qui les provoquent. Ce qui importe ici c'est la conception différente du monde et de la vie, c'est la variété des caractères nationaux, c'est l'intelligence plus ou moins claire que l'on a de l'évolution sociale, la compréhension plus ou moins complète des principes que l'on a adoptés, c'est le niveau différent d'instruction et d'éducation des masses, c'est le degré atteint par l'évolution économique des divers pays, etc. etc.

Mais il m'est tout à fait impossible de parcourir toute la série des antagonismes et des luttes, qui résultent de la multitude des .forces en jeu. Je me bornerai donc à prendre ceux qui me paraissent particulièrement significatifs au point de vue des principes. Mon devoir ici encore, devant ce problème, est celui du théoricien qui éclaircit et qui explique, qui cherche non à exercer une influence sur la détermination de votre volonté mais uniquement à appuyer votre entendement et votre compréhension, qui tient en main non la torche de l'agitation, mais le flambeau de l'instruction.

Si je ne parle point de certaines différences qui vous paraissent avoir une haute importance, ce n'est point parce que je les méconnais, mais parce que je considère les antagonismes en question comme surannés ou seulement illusoires, ou bien parce que je les ramène à des oppositions théoriques plus profondes. Il en est ainsi de l'alternative qui se pose *entre l'action corporative et l'action politique* : ou bien ce n'est que l'expression d'un antagonisme plus profond, dont je parlerai tout à l'heure, ou bien c'est une alternative aujourd'hui surannée. Surannée elle l'est pour les représentants de la classe ouvrière qui se placent sur le terrain de la lutte légale. Ils savent, ceux-là, que la politique et l'action syndicale sont la jambe droite et la jambe gauche avec lesquelles marche le prolétariat ; que l'action politique était nécessaire pour agir sur la législation et l'organisation économique nécessaire pour discipliner, éduquer les masses. Il ne peut être question pour la masse que de savoir le plus ou moins de part qu'il faut faire à chacune des formes du mouvement social et elle ne peut intéresser que les milieux ouvriers préoccupés d'agitation légale. Et cette question ne peut être résolue d'après les principes, mais selon les circonstances et les pays. L'éducation économique des masses, la mesure de la liberté politique, et beaucoup d'autres circonstances doivent décider en ces matière

Il en est de même d'un autre point sur lequel portent les divergences : y a-t-il lieu oui ou non de constituer *Un parti ouvrier indépendant* ? Vous savez, je vous ai dit à maintes reprises qu'en Angleterre il n'y avait pour ainsi dire pas de parti ouvrier indépendant et je vous ai donné en même temps les raisons pour lesquelles je croyais la constitution d'un parti de ce genre sans utilité pour le moment du moins, *même au cas* où les travailleurs voudraient prendre une part active à la vie politique. La direction politique du mouvement social ne dépend pals seulement de l'existence d'un parti ouvrier indépendant, Ainsi cette question non plus ne peut être résolue par les principes, mais d'après les conditions concrètes de chaque pays.

Si maintenant nous cherchons quels antagonismes ont une importance décisive, nous tombons sur cet antagonisme ressassé qui s'exprime par les mots : révolution ou évolution ; c'est là l'antagonisme primitif, traditionnel pour ainsi dire, qui a toujours existé, qui existe encore et qui, je crois, existera toujours dans le mouvement social, ce que nous avons vu d'abord dans l'*Internationale* que nous voyons reparaître aujourd'hui dans l'opposition que les « *Jeunes* » et les « *Anarchistes* » font à la majorité des travailleurs organisés. Et voici les motifs pour lesquels je pense que dans l'avenir cet antagonisme ne disparaîtra pas. Le révolutionnarisme, comme je vous l'ai montré, est le résultat d'un manque de maturité. Or, en un sens, on peut prétendre que le mouvement social se recommence à chaque moment ; car, à chaque moment, surgissent du fond des couches inférieures de nouvelles masses prolétariennes totalement inconscientes. Ces éléments non éduqués présentent évidemment dans leur manière de voir et de sentir les mêmes particularités qui caractérisent le mouvement social à ses débuts. Ils trouvent leurs chefs naturels parmi les déclassés, les Catilina de la bourgeoisie : le plus souvent ce sont de jeunes hommes qui n'ont plus rien à perdre et qui s"efforcent de suppléer par la fougue de leur enthousiasme à leur absence de notions théoriques et de sens pratique.

Depuis des années se déroule devant nous le même processus : toujours nous voyons ces masses absorbées de plus en plus par les éléments évolutionnistes, c'est-à-dire qui ont une maturité plus grande, et disparaître, jusqu'à ce que resurgissent des masses nouvelles et que l'absorption recommence. L'antagonisme que nous avons en vue ici, peut être envisagé comme celui de deux phases évolutives du mouvement social, qui se déroulent en même temps dans des sphères différentes du prolétariat. Autant qu'on peut en juger, cette absorption des éléments nouveaux par les éléments ayant évolué et atteint la maturité a toujours réussi jusqu'à présent, quand rien n'est venu interrompre la continuité de l'évolution.

Même là où l'idée de l'évolution a été consciemment ou inconsciemment assimilée par le mouvement social, nous rencontrons de nombreux antagonismes dont une partie me semble pouvoir être ramenée à des conceptions divergentes et souvent fausses de la nature de l'évolution sociale.

Bien que, à plusieurs reprises, j'aie eu l'occasion de vous expliquer, au moins sous forme d'esquisse, *l'essentiel de l'évolution sociale*, je veux néanmoins parce que c'est là précisément le point décisif, répéter une fois de plus, en me résumant, ce que j'entends par cette expression. L'évolution sociale et la conception du développement social sous cette forme reposent sur cette idée que nous nous trouvons dans un état de changement continuel dans la disposition des couches économiques et sociale de la société, et qu'à chaque phase de ce changement correspondent des intérêts sociaux déterminés, des rapports de puissance nécessaires ; ensuite, au fur et à mesure que s'opèrent les changements dans la disposition des couches sociales et que se développent les aptitudes des différents groupes d'intérêts, les rapports de puissance eux-mêmes se déplacent aussi, ce qui a pour conséquence le remplacement graduel des classes dirigeantes par d 'autres classes qui arrivent au pouvoir. Tout cela repose en définitive sur cette idée, qu'à chaque moment donné les rapports de puissance existants ne sont produits ni par des tours de passe-passe, ni par des intrigues, mais par les rapports économiques, et qu'ils ne peuvent se déplacer que petit à petit, dans la mesure seulement où les rapports économiques se déplacent et où se développent les conditions personnelles, subjectives, les particularités de caractère des classes qui aspirent au pouvoir. En résumé, évolution sociale signifie conquête progressive du pouvoir et acheminement progressif vers une organisation nouvelle de la société, adaptée à la transformation des rapports économiques, au changement et à l'éducation des caractères.

Des divergences se sont souvent produites parmi les évolutionnistes parce que l'on confondait les deux conceptions : *évolutionnisme* et *quiétisme*. Parmi les marxistes surtout s'est répandue cette opinion que l'évolution était comme un processus naturel s'accomplissant en dehors de l'activité des hommes, en face duquel les individus ne peuvent que croiser les bras et attendre que le fruit soit mur pour pouvoir le cueillir. Cette conception quiétiste et, comme je le crois, pseudo-marxiste n'a aucun rapport avec l'idée de l'évolution en soi. Elle méconnaît profondément cette vérité que tout ce qui se passe dans la vie sociale se passe évidemment parmi des hommes vivants et que ces hommes accomplissent cette évolution en se proposant des buts et en s'efforçant de les atteindre.

On confond souvent deux points de vue absolument différents : celui du théoricien social et celui de l'homme qui lui-même joue un rôle actif dans la vie sociale. Pour le premier, l'évolution sociale est un devenir causal nécessaire, en ce sens qu'il déduit les formes de la vie comme conséquences nécessaires des motifs propres aux personnes qui agissent, et en ce sens qu'il cherche à comprendre la façon dont les motifs personnels eux-mêmes sont déterminés, conditionnés.

Pour lui, la vie sociale est un processus transporté dans le passé. Le politicien voit ce processus dans l'avenir. Ce que le théoricien conçoit comme l'effet d'une cause déterminée, le politicien l'envisage comme le but de l'avenir, but que sa volonté doit aider à atteindre. Mais cette volonté elle-même est un terme nécessaire dans la série causale du devenir social, et quelque déterminé qu'elle soit, elle est la propriété la plus intime de l'homme d'action. Si donc le théoricien social cherche à démontrer que la direction du vouloir et, par suite, les séries évolutives de la vie sociale sont nécessairement déterminées, il le fait toujours avec cette restriction qui va de soi : en supposant que, dans l'action, l'énergie de la résolution ou la réalisation ne diminue pas. Mais si, pour une raison quelconque, par exemple sous l'influence grandissante des doctrines quiétistes, il advenait que cette énergie diminuât, alors le terme principal de la série supposée serait éliminé et l'évolution aurait suivi une marche différente. C'est par un procédé tout à fait faux que l'on tente de transporter systématiquement dans la vie sociale la conception du processus de la nature ; et, notamment, que l'on présente l'avènement du socialisme comme une nécessité « naturelle. »

Il ne faut même pas y penser. Nous ne voyons pas pourquoi l'évolution du capitalisme ne mènerait pas tout aussi bien, par exemple, à la destruction de la civilisation moderne. Elle prendrait sûrement cette direction si, pendant la durée du processus évolutif de la vie sociale, ceux qui portent le progrès ne développaient pas les caractères nécessaires à l'organisation sociale nouvelle, si, par hasard, ils tombaient dans le marasme et le quiétisme. Tout devenir social est pour eux une situation à créer et, pour amener cette situation à venir, il faut de l'énergie dans les décisions.

En étroite parenté avec cette question dont nous venons de parler, il existe un autre antagonisme qui peut être, lui aussi, ramené à la compréhension de l'évolution sociale, à la confusion (permettez-moi de me servir encore de mots d'ordre), de l'idéal et du programme. Voici ce que je veux dire : certains évolutionnistes demi savants, surtout parmi les marxistes, sont enclins à considérer avec un souverain mépris les gens à l'inspiration idéale, au cœur enthousiaste : ils veulent que l'unique tâche du politicien réaliste consiste dans l'examen rationnel des mesures politiques. C'est là une conception qui ne découle point du tout de la nature de l'évolution. Elle aussi n'est pas étrangère à l'idéal social dans lequel s'incorpore le but final et qui est surtout basé sur des considérations morales. C'est de cet idéal qu'il faut s'inspirer. C'est cet idéal qu'il faut enflammer par la chaleur de notre coeur, c'est lui, qu'il faut nourrir du feu de notre enthousiasme. Il est le soleil qui réchauffe, qui rayonne sur tout, le soleil qui ne doit jamais se coucher ni s'obscurcir. Sinon, toute vie disparaîtrait. Toujours seront vraies les paroles prononcées par Saint-Simon mourant, quand il faisait ses adieux à Rodrigues son disciple favori : « N'oubliez jamais, mon ami, qu'il faut être inspiré pour faire de grandes choses. » Si cette inspiration disparaît, si le mouvement perd son élan, s'il s'épuise dans les mesquines préoccupations de chaque jour, dans une politicomanie vide, il s'affaissera comme un corps sans vie. Et c'est certainement la marque de plusieurs représentants ouvriers d'avoir perdu dans l'atmosphère poussiéreuse de la politique quotidienne leur puissance d'enthousiasme et d'être descendus au niveau des Ronchonnot de la politique.

Mais il ne faut pas d'autre part confondre l'idéalisme avec la fantaisie et l'utopie. L'enthousiasme inspiré par le but poursuivi doit être dans les questions pratiques secondé par un esprit éclairé. Là c'est la chaleur, ici c'est la clarté ; là c'est l'idéal, ici c'est le programme qui doit indiquer les voies et moyens à employer.

C'est précisément quand on aura appris à distinguer ces deux notions profondément différentes que l'on saura unir à l'enthousiasme de l'idéaliste, l'esprit pondéré du politique. Car, si la confusion du programme avec l'idéal produit pour l'idéal une chute de plus en plus complète dans le terre à terre de la vie quotidienne, elle provoque en retour, du côté du « programme », l'atrophie des capacités politiques. Celui-là seul qui aura appris à faire cette distinction entre les moyens et le but, comprendra qu'un effort énergique est nécessaire pour parcourir au travers des broussailles de la politique le chemin qui mène au but. Et l'importance, la nécessité des *réformes* progressives ne seront comprises que lorsque l'on aura acquis cette conception profonde de la valeur et de la nature de l'idéal.

Il faut néanmoins convenir d'une chose : c'est qu'un certain antagonisme continuera d'exister, même si l'on parvient dans chaque mouvement à saisir exactement l'idée de l'évolution. Ceci ne saurait être changé : il y aura toujours à côté de l'optimiste crédule, le pessimiste sceptique, il y aura toujours des hommes croyant à l'entrée prochaine dans la terre promise et d'autres jugeant que la marche à travers le désert doit durer encore longtemps. Ces hommes auront évidemment, par cela seul qu'ils se conformeront à leurs propres pensées, une attitude différente en face de ce que l'on appelle les réformes pratiques. Ceux qui s'imaginent que nous sommes au seuil d'un édifice nouveau, refuseront d'apporter leur collaboration à l'achèvement de l'édifice ancien ; et quiconque croit que le seuil de l'édifice nouveau est loin, peut-être même très loin, sera plutôt enclin à vivre le plus confortablement possible dans l'ancien édifice. Cet antagonisme de tempérament a son origine dans la nature humaine. Il continuera donc à subsister, sans qu'il soit possible de le supprimer. Il suffit de rendre compte de son existence.

Les antagonismes que nous avons rencontrés jusqu'ici avaient leurs racines dans des conceptions radicalement différentes de ce qui constitue *l'essentiel* du développement social, ou bien dans la façon variée dont on comprenait l'une de ces conceptions - l'idée évolutionniste. L'antagonisme dont je veux maintenant vous dire quelques mots repose, pour peu qu'on y voie clair – sur les interprétations différentes que l'on donne de *la marche et de ta direction* de l'évolution sociale. Il repose sur une opposition entre l'idéal et le programme - pour parler nettement, sur l'antithèse suivante : démocratie ou socialisme. Pour bien saisir cette antithèse de haute importance qui aujourd'hui - consciemment ou inconsciemment - forme le centre même des discussions et trouve son expression la plus nette dans le débat sur la brûlante « question agraire », il faut que je vous rappelle ce que je vous ai dit précédemment, quand je vous ai parlé de la détermination fatale de l'idéal socialiste et prolétarien. Vous vous en souvenez, j'ai considéré comme étant la condition, nécessaire du développement du socialisme, but du mouvement social moderne, le développement préalable du capitalisme et, par suite, la prolétarisation des masses : de telle sorte que la situation de prolétaire devient une condition générale d'existence.

Et maintenant, faites, je vous prie, les réflexions que voici : si le prolétariat se propose un tel but en se basant sur les conditions économiques de sa propre existence, quelle sera son attitude vis-à-vis des éléments sortis des couches inférieures de la population et dont les conditions d'existence économique ne sont pas les mêmes ? - Quelle devra être son attitude d'abord à l'égard des masses qui ne sont *pas encore* tombées dans le prolétariat, par exemple à l'égard de la petite bourgeoisie, ce qui est plus important vis-à-vis de cette partie du peuple, du □□□□□ qui ne présentera peut-être jamais aucune tendance à la prolétarisation ? C'est là que se pose le grand dilemme ; c'est là le sens profond de l'antagonisme qui est à résoudre : le but du prolétariat doit-il demeurer essentiellement prolétarien ou bien doit-il être surtout démocratique ? Et en outre, si le parti ouvrier veut s'intéresser à tous les éléments du □□□□ qui occupent l'échelon le plus bas, quelle doit être alors son attitude ? S'il devient un parti démocratique, un « parti du peuple », qu'adviendra-t-il du programme prolétarien ? Car évidemment: essayer, comme on le fait aujourd'hui, d'établir l'action socialiste sur la « nécessité naturelle » de l'évolution économique, devient un effort illusoire du moment où cette évolution ne conduit ni à la prolétarisation des masses, ni à « la socialisation du processus de production », ni, par conséquent, au point de vue technique, à la grande production. On pourrait peut-être encore présenter le socialisme comme un postulat de l'éthique et de la finalité : mais ce ne serait plus le socialisme « scientifique » dans l'acceptation actuelle du mot. C'est pourquoi je crois pouvoir raisonnablement formuler comme je l'ai fait l'antithèse : socialisme ou démocratie ; c'est dans l'opposition de ces deux points de vue, qui ont chacun leurs représentants dans le mouvement social que s'exprime le conflit fondamental dont nous avons parlé.

Il est pour le moment impossible de déterminer quelle direction définitive prendront les courants.

Je crois que les considérations suivantes pourront contribuer à éclaircir la situation.

Toute la force du mouvement social, toutes les chances de son triomphe éventuel, reposent, autant que je puis en juger, sur le fait qu'il est chaque fois le représentant de la forme la plus avancée de la vie économique, de la production « sur la plus grande échelle ». Il monte sur les épaules de la bourgeoisie qui représente actuellement la force économique la plus mûre et il se dispose à la dépasser. L'histoire nous apprend que ce que nous appelons progrès a toujours été le passage d'un système économique à un autre supérieur, c'est-à-dire plus puissant, et que seules participaient à cette élévation les classes qui représentent ce système économique supérieur. A revenir en arrière du capitalisme, il n'y a pas de développement, de progrès, de civilisation : au delà, peut-être. En tout cas, aucun parti, qui veut s'assurer l'avenir, ne doit s'arrêter au-dessous du niveau de production que le capitalisme a atteint. Par là se déduit, je crois, le point de vue de tout mouvement en avant.

Si la démocratie socialiste tient à conserver sa mission historique, si elle tient à être un parti de progrès, elle devra se garder de pactiser avec les classes notoirement décadentes, comme les petits industriels, les industriels travaillant à domicile, les artisans et les autres groupes dont l'existence est liée à celle de la petite industrie. Même une alliance momentanée avec eux est dangereuse. Donc, à ce point de vue, ni le programme, ni le but du mouvement social ne sauraient être changés malgré l'introduction d'éléments petits bourgeois, si l'on veut conserver comme but la production « sur la plus grande échelle » ; car nous sommes en état de démontrer actuellement, et cela avec la dernière évidence, que l'artisan représente d'une façon générale une forme économique inférieure. Mais il y a un autre cas. S'il se trouve des domaines qui ne sont pas soumis au processus de socialisation, comme l'est par exemple la petite industrie, et qui ne le sont pas parce que, dans certaines circonstances, l'importance de la petite production y est plus grande, parce qu'elle est d'un rapport supérieur à celui de la grande, alors que faut-il faire ? Tel est le problème qui se pose aujourd'hui dans la démocratie socialiste sous la forme de la question *agraire*. Doit-on faire subir à l'idéal de la production collective, qui repose sur la grande production, par conséquent au programme qui est basé là-dessus, des altérations de principes à l'usage des paysans ? Et si en fait on arrive à cette conclusion qu'*aucune* tendance à la grande production ne se manifeste dans l'évolution de l'agriculture, et qu'en général, la grande production n'en est nullement la forme la plus élevée, on se trouve alors en face d'une question décisive : faut-il que nous devenions démocrates en ce sens que nous chercherons à englober aussi ces groupes relevant de la petite production, et que, par suite, nous modifierons notre programme en cessant de considérer la production collective comme le but à atteindre ; ou bien, devons-nous conserver au mouvement son caractère prolétarien, tourner notre regard vers la production collective prise comme idéal et comme but, et en conséquence exclure ces éléments de notre mouvement ? Le fait de se décider en faveur de la démocratie ne saurait être considéré en la circonstance comme réactionnaire, car, tout en englobant ces éléments de la petite production, on ne serait nullement forcé de descendre au-dessous du niveau de la technique de la production, tel qu'il a été atteint par la production industrielle socialisée.

J'ai été forcé de m'exprimer par *si* et par *mais* : à ma connaissance il est également impossible encore aujourd'hui de déterminer exactement une tendance dans l'évolution de l'agriculture et de constater dans la production agricole laquelle des forces est inférieure à l'autre, ou même s'il y a lieu en général de parler d'une supériorité déterminée. Le système de Marx ne peut, selon moi, rendre aucun service en l'occurrence ; les déductions de Marx ne sont pas directement applicables au domaine agraire. Les considérations relatives à l'agriculture sont, certes, d'une grande valeur, mais sa théorie de l'évolution, basée sur l'accroissement de la grande production, sur la prolétarisation des masses et qui déduit la nécessité du socialisme, n'est complètement claire que pour l'industrie. Elle ne l'est pas pour l'évolution de l'agriculture et il me semble que l'investigation scientifique seule pourra combler la lacune existante.

Enfin, il y a deux questions d'une importance capitale et en même temps d'un intérêt actuel que je voudrais traiter encore. Je veux parler de l'attitude du mouvement social vis-à-vis de la Religion et du Nationalisme. Ici surtout les sentiments personnels, le tempérament peuvent enlever sa lucidité au regard de l'observateur : aussi faut-il recommander doublement à qui veut traiter ces questions d'une façon objective de considérer l'impartialité comme un strict devoir. Essayons de le faire.

Abstraction faite de l'ouvrier anglais qui aujourd'hui comme il y a un siècle paraît hésiter entre le piétisme et le positivisme, mais qui sur ce point encore ne peut être pris comme type en raison des conditions spéciales de son évolution, le mouvement prolétarien est sans conteste caractérisé par une forte tendance antireligieuse. Pourquoi ?

D'après moi, l'opposition à la religion a deux causes : elle a, en deux mots, une origine théorique et une origine pratique. Au point de vue théorique, le prolétariat et ses chefs recueillent – peut-on dire que c'est par hasard ? - l'héritage de l'époque des lumières. De la demi science naturaliste nous viennent tous ces écrits hostiles à la religion qui ont paru entre 1860 et 1880, et qui, dans l'ivresse joyeuse de la première connaissance ont proclamé leur dogme, athée *urbi et orbi*. Ils n'ont pas dépassé le niveau des « prédicateurs ambulants du matérialisme » et ne sont jamais arrivés au biveau de la conception philosophique de Marx et d'Engels. Nous pouvons considérer comme dépassé définitivement le point de vue de cet athéisme dogmatique. Pas un seul représentant de la science, quel que soit le camp auquel il appartienne, ne viendra affirmer actuellement que la science suppose l'athéisme et exclut la religion. De la sorte, l'attitude du prolétariat à l'égard de la religion pourrait être libre et indépendante s'il en était ainsi et que la cause de son irreligion fût son enthousiasme théorique pour le dogmatisme de la science naturaliste. Mais cet esprit antireligieux a des origines beaucoup plus profondes. Tout d'abord cet engouement pour le matérialisme de la science naturaliste ne peut à coup sûr être expliqué uniquement par une attitude spéciale, par une tournure d'esprit particulière du prolétariat. Ce qui a le plus contribué à faire naître cet enthousiasme pour la libre-pensée, c'était le sentiment instinctif ou la claire conscience de ce fait que, au fond du matérialisme, il y avait sans doute un élément révolutionnaire formidable, assez puissant pour refouler toutes les autorités constituées hors de leurs domaines respectifs. Quoi d'étonnant à ce que le prolétariat s'en soit emparé comme d'une erreur utile et qu'il ait pu s'en servir, puisque, nous le savons, une des conditions de son existence c'est la destruction de toute croyance antérieure. C'est ainsi probablement que s'explique son engouement pour l'athéisme et pour le matérialisme.

Il faut en outre tenir compte de ce que, en adhérant à ce dogme, on s'insurgeait contre une conception du monde que l'on devait précisément considérer comme hostile, puisqu'elle était représentée par les classes dirigeantes et que ces classes en usaient dans leur propre intérêt : je veux dire le christianisme. Car il y a une chose que l'on ne peut mettre en doute, c'est que dans la plupart des cas, le christianisme *officiel* était dirigé par les classes dominantes *contre* le mouvement indépendant et émancipateur du prolétariat. Le sort infligé aux chrétiens qui pensaient autrement en est la meilleure preuve. Tant que l'on s'est efforcé de défendre la monarchie et le capitalisme comme des institutions nécessaires, voulues de Dieu, tout mouvement social *devait* être forcément anticlérical et par suite antireligieux. C'est donc un sentiment de défiance inspiré par l'attitude tout au moins douteuse des représentants de l'Église *qui* a éloigné le prolétariat de l'Église et de la religion. Mais du jour où cette défiance se sera dissipée - et la dissiper est l'objectif que se sont proposés les jeunes socialistes chrétiens - du jour où le christianisme sera devenu indifférent au point de vue social, comme le préconise Göhre, ou qu'il sera enseigné dans un esprit démocratique et socialiste, comme l'enseigne Naumann, de ce jour, je ne vois vraiment pas la raison théorique ayant depuis longtemps disparu, pour quelle raison le mouvement prolétarien devrait nécessairement conserver son caractère antireligieux.

En disant cela je fais une supposition : je suppose que la religion est appropriée aux conditions d'existence du prolétariat. Cela va de soi. Si le christianisme possède cette faculté d'adaptation, je n'ose l'affirmer. Toutefois une raison inclinerait à le faire croire : c'est qu'il a réussi à être tout aussi bien la religion de la décadence romaine que celle de la Germanie jeune et vigoureuse, la religion de la féodalité comme des communes et, en dernier lieu, celle de la bourgeoisie. Pourquoi ne serait-il pas aussi la religion du prolétariat ? Mais il ne pourra l'être que dans sa forme la moins hostile à la vie. Car le caractère ascétique du christianisme ne saurait guère sourire à une classe qui aspire à l'air et à la lumière et chez laquelle rien ne trahit le moindre penchant à laisser périr les richesses accumulées à la table de la vie.

Enfin *l'attitude du mouvement social vis-à-vis des nationalités* nous apparaît enveloppé d'un épais brouillard formé par les passions.

Une bonne partie des antagonismes qui s'opposent avec tant de violence se réduit à un manque de clarté de part et d'autre. Ce n'est pas, il est vrai, la langue allemande mais le sens de cette langue qui établit, une distinction entre deux idées fort différentes, mais que l'on ne sépare pas toujours nettement et que nous désignons par les mots patriotisme et nationalisme.

Le patriotisme, l'amour de la patrie, est à coup sûr un sentiment qui est entré dans notre cœur sans que nous1e sachions et sans que nous le voulions : il y vit comme la nostalgie et l'amour maternel. C'est une source d'impressions et de souvenirs que nous ne saurions gouverner. C'est ce charme indéterminé qu'exercent sur nous la langue maternelle, le son d'une chanson de notre pays, que provoquent les milliers de coutumes et de mœurs particulières, l'histoire et la poésie communes. C'est un sentiment qui n'éclate complètement qu'à l'étranger : là, il s'empare tout aussi bien du cœur d'un révolutionnaire réfugié que de celui d'un citoyen paisible ; je ne vois pas pourquoi un tel sentiment serait le lot d'une classe privilégiée. C'est une erreur folle de croire qu'il a pu disparaître et qu'il disparaisse jamais dans les masses, tant qu'il y aura des pays et des peuples avec une langue et des chansons à eux.

Tout à fait différent est le nationalisme, qui consiste à maintenir d'une façon raisonnée (si je puis m'exprimer ainsi) ce point de vue national par rapport aux autres nations et le plus souvent par opposition à elles, dans un but d'hostilité. Le prolétariat moderne non seulement n'adopte pas ce point de vue, mais il le combat. Quelle raison l'y pousse ?

Nous retrouvons ici la même particularité que dans l'attitude du prolétariat vis-à-vis de la religion : l'idée de nationalité s'incorpore dans les classes dominantes, et comme ils sont ennemis de ces classes, les prolétaires retournent leur haine contre l'idée incorporée. D'autant plus que, dans beaucoup de pays, on ne donne au mouvement ouvrier aucune facilité pour s'identifier avec les représentants officiels de cette idée.

Mais ce que je considère comme tout à fait erroné, c'est de confectionner une théorie antinationaliste en se basant sur cet antinationalisme impulsif. Je ne vois pas de raison suffisante à cela dans le mouvement social moderne. Il est vrai que je vous ai nettement indiqué moi-même l'existence d'une tendance à l'entente et à l'unification internationales des aspirations. Mais selon moi ceci ne signifie nullement suppression artificielle des frontières. Quiconque ne veut point poursuivre le fantôme d'une république mondiale ne pourra supposer qu'une évolution sociale dans le cadre national.

Quant à la question de savoir quand les antagonismes *intérieurs* (les antagonismes sociaux) dépasseront les antagonismes toujours existants entre les nationaux ou quand arrivera le contraire, on ne saurait que difficilement le déterminer avec certitude, même pour un court laps de temps. Mais que, d'autre part, autant que nous pouvons le prévoir, on ne saura jamais se passer complètement d'une représentation forte des intérêts nationaux ; ceci me paraît devoir être visible même pour un myope.

Car si même on pouvait s'imaginer qu'en Europe occidentale les antagonismes se soient affaiblis au point de laisser la prédominance aux antagonismes sociaux, on ne saurait néanmoins, selon moi, supposer d'aucune façon que la civilisation occidentale pourra continue à se développer sans que des éléments nouveaux n'interviennent. Il ne faut pas oublier, ce qui est conséquence du mouvement social moderne, que ce n'est pas seulement la civilisation ou la barbarie russe qui est en marche contre la civilisation de l'Occident, mais qu'elle sera aussi suivie de près par la barbarie de l'Extrême-Orient. L'évolution qui s'est accomplie durant ces quelques années à l'est de l'Asie, l'accroissement rapide du Japon, les tentatives actuelles de la Chine pour devenir elle aussi un peuple civilisé, pour connaître, comme les autres, les avantages des relations mondiales et sortir du cercle restreint dans lequel elle était enfermée, cette évolution suivra sans doute une voie qui nous amènera de nouveau à des antagonismes nationaux. Il arrivera un moment, je crois, où toute la société européenne se dira : tous nos antagonismes n'ont actuellement qu'une importance secondaire devant l'ennemi qui nous menace. Un symptôme, c'est l'attitude de l'Amérique devant le développement asiatique. C'est là un cas, où, actuellement déjà, l'internationalisme du prolétariat s'écroule tout bonnement; et il arriverait à son terme dans le prolétariat occidental au moment où les coolies commenceraient à l'assaillir comme des rats. Cette sympathie artificielle pour les peuples inférieurs serait insuffisante pour retenir le sain égoïsme national. Dès qu'un ennemi commun se met à menacer l'existence d'une société, celle-ci ne manquera jamais de revenir à la conscience de ses intérêts et de se défendre, ses antagonismes intérieurs reculant au deuxième rang.

Étant donné la situation actuelle, il ne peut donc pas être question, même dans les rangs du prolétariat, de repousser le principe même du nationalisme. La discussion sera donc limitée au cercle des nations civilisées sur lesquelles on ne voudrait pas voir s'étendre les idées antinationalistes. Quant à savoir comment se formeront ces groupes des nations, c'est là une question dont la solution ne nous incombe pas ; pour le problème national aussi, je n'ai voulu faire ressortir que le côté qui touche aux principes. Vous remarquez probablement vous-mêmes que cette considération clôt le cercle de nos recherches et me ramène au point de départ de mes conférences, que j'ai commencées en constatant qu'il y avait et qu'il y aura toujours, autant que l'on peut prévoir, deux forces antagonistes autour desquelles l'humanité tourne comme autour des deux pôles, l'antagonisme social et l'antagonisme national, ce que le prolétariat ne doit jamais oublier.

Chapitre VIII
Conclusion

Est-il possible de tirer des enseignements d'une étude historique ? Je le crois possible pour plus d'une raison : aussi le but que je me propose dans ma dernière conférence est-il précisément de vous montrer en quoi consistent ces enseignements. Je réussirai peut-être à influencer le jugement de ceux qui personnellement se placent en dehors de la lutte sociale contemporaine et se bornent à l'observer objectivement, sans passion. Ce serait évidemment pour moi un résultat plus précieux, si parmi ceux qui luttent de l'un et l'autre côté il se trouvait des gens pou reconnaître la justesse de mes paroles.

Il me semble que la première impression qui s'impose à tout observateur impartial du mouvement ouvrier c'est que ce mouvement est nécessaire, incoercible, et ne pouvait pas ne pas être. De même qu'après la tempête1e torrent des montagnes se précipite dans le fond des vallées, de même doit s'écouler « selon des lois d'airain » le courant social. Il s'agit surtout de comprendre que nous avons là sous les yeux un fait considérable et d'une grande importance historique ; il importe de reconnaître « que nous nous trouvons tous, avec tout ce qui devient, au milieu d'un de ces grands processus vitaux de l'histoire universelle, qui s'emparent des choses humaines et des États avec la force d'un élément, qu'il est aussi absurde de nier par étroitesse d'esprit que de vouloir combattre par des moyens impuissants » (*Lorenz von Stein*). En vérité il y a encore des gens pour croire que le mouvement social est tout bonnement l'invention malicieuse de quelques agitateurs ou que la démocratie socialiste « a été élevée par Bismarck », etc. : ces gens ont certainement la folie de s'imaginer que l'on pourra débarrasser par quelque moyen magique ou par quelque sortilège le corps social de ce venin pernicieux. Quel aveuglement ! Quelle inintelligence de la nature de l'histoire ! Si quelque chose est ressortie de nos explications, c'est, je l'espère, la reconnaissance de la nécessité historique du mouvement social.

Et nous sommes forcés d'avouer autre chose encore : c'est que le mouvement social moderne au moins dans les grandes lignes, devait être *fatalement ce qu'il est.* Quand je parle des grandes lignes je veux dire le but poursuivi, l'idéal socialiste et les moyens employés, la lutte de classes. Comment ce but et ce moyen sont la conséquence, la conclusion nécessaire des prémisses données, j'ai essayé de vous le montrer précédemment. Y a-t-il là de quoi nous émouvoir et nous effrayer, nous qui ne luttons pas pour la société nouvelle et dont l'unique souci est de conserver les richesses de notre civilisation, si précieuses à tous.

Je trouve peu raisonnable pour le moment de s'émouvoir des « dangers » d'un futur état socialiste. Nous savons que toute organisation sociale est l'expression de conditions économiques déterminées ; nous attendons donc avec calme l'avenir : tant que ces conditions ne seront pas données dans la vie économique et surtout tant que le caractère des acteurs n'aura pas subi des transformations correspondantes, aucune puissance, aucun parti, quelque révolutionnaire qu'il soit, ne sera en mesure d'octroyer à l'humanité une organisation nouvelle. Et si à un moment donné les conditions nécessaires sont réalisées, alors nous verrons.

Mais ce n'est pas à vrai dire cet idéal socialiste de l'avenir qui cause une telle frayeur à tant de gens. L'hésitation et la crainte viennent plutôt de la façon dont on se propose d'atteindre ce but, de ces mots qui terrorisent tous les philistins des deux sexes, *la lutte de classes*.

Pour ma part, je suis obligé de confesser que cette conception n'a rien de terrifiant, au contraire. Est-ce là vraiment une vérité incontestable ? Faut-il à chaque fois qu'il y a lutte dans la société perdre tout espoir en une évolution ultérieure et bienfaisante de l'humanité ? Faut-il croire que cette lutte met en danger la civilisation, toutes les hautes acquisitions humaines ?

Il importe tout d'abord de se débarrasser d'une idée fausse : « la lutte de classes » ce n'est pas la guerre civile, ni l'incendie des pétroleurs, ni la dynamite, ni le poignard, ni les barricades. Il y a des formes diverses de la lutte de classes. Tout syndicat, toute élection socialiste, toute grève sont autant de formes de cette lutte. Mais, ceci étant donné, un tel choc d'intérêts et d'opinions différentes non seulement ne présente aucun danger pour la civilisation, mais au contraire parait être la cause de nombreux phénomènes utiles. Je crois que l'on peut appliquer ces mots à la lutte sociale «*Holemox pathr pantwn*». Dans la lutte seulement s'épanouit la fleur de la vie humaine. La lutte seule fait monter à l'humanité des masses populaires de plus en plus larges. Tout ce qui pénètre de civilisation dans les masses n'y pénètre que par la lutte ; qu'elles se lèvent par leur propre force, qu'elles soient forcées d'engager la lutte pied à pied pour leur droit, c'est le seul moyen de développer les qualités que nécessite une civilisation nouvelle et supérieure. La lutte seule aussi bien entre les nations qu'entre les classes éduque le caractère et éveille l'enthousiasme. Laissez-moi vous rappeler à ce sujet un mot du vieux *Kant*. « Remercions la nature d'avoir fait des humeurs incompatibles, des vanités qui exaspèrent la concurrence, des besoins inassouvis de possession et de domination ! Sans elle toutes les meilleures facultés de l'homme demeureraient à jamais inactives dans l'humanité. L'homme veut la concorde ; mais la nature sait mieux ce qui est bon pour l'espèce, elle veut la discorde. »

Et alors pourquoi demeurer hésitants ; quand nous voyons que dans la vie sociale aussi la lutte est le mot d'ordre ? Je ne vois pas de raison de désespérer. Pour ma part je ne puis que me réjouir du sort fait à l'histoire universelle : c'est une conception du monde joyeuse, celle qui fait de la lutte le pivot de l'existence.

Mais une chose ne doit pas être oubliée ; la lutte *peut* aussi bien produire le bien que détruire, anéantir toute civilisation. Elle n'est pas seulement le signal d'une civilisation nouvelle, elle peut tout aussi bien marquer la fin de l'ancienne et de toute existence humaine.

C'est pourquoi il faudrait, je crois, ne pas perdre de vue dans cette lutte *deux grands points*.

Toute lutte sociale doit être une lutte *légale*. Car seulement ainsi restera intacte *l'idée de droit* avec son caractère *sacré*. Autrement nous tomberons dans le chaos. Qu'on lutte au nom du droit contre ce .qui semble injuste en s'appuyant sur le droit existant ! Qu'on respecte ce droit précisément parce qu'il est devenu droit, qu'il est considéré comme tel ! Qu'on ne l'oublie pas : nos pères ont jadis lutté pour ce droit non moins ardemment que leurs fils luttent aujourd'hui pour l'instauration du droit à venir. C'est la seule façon d'éveiller et de maintenir la foi en ce qui doit être le droit futur. Cette exhortation s'adresse également aux deux partis en lutte : aux puissants aussi bien qu'à ceux qui représentent le mouvement social. *Intra muros pecatur et extra* !

Il en est de même du deuxième appel que l'on adresse au nom de la civilisation humaine aux combattants et auquel ils doivent obéir s'ils ne veulent pas que la lutte sociale devienne une lutte de destruction. Nous demandons que l'on se serve de *moyens convenables* et non pas de flèches empoisonnées. Mais ici encore combien d'erreurs de part et d'autre. Combien il est difficile d'empêcher les uns d'être aigris, mensongers, sournois et les autres de mettre en œuvre la brutalité, la raillerie et la violence ! Avec quelle facilité n'adresse-t-on pas à son adversaire le reproche de malhonnêteté ou quelque reproche du même genre. Même le ton des discussions est trop souvent répugnant, blessant, grossier. Tout cela est-il *indispensable*? Est-ce nécessaire pour défendre énergiquement son point de vue personnel ? Croit-on se diminuer quand on respecte dans son adversaire l'honnête homme, quand on reconnaît que l'honnêteté et la véracité dans le camp adverse aussi sont les principes directeurs de l'action ? Je ne le crois pas. C'est surtout à celui qui se place par principe au point de vue de la lutte, qui conçoit la lutte comme le noyau de tout devenir historique, c'est surtout à celui-là qu'il sera facile de se servir de moyens légitimes, de respecter l'homme dans l'adversaire, et de lui supposer des mobiles estimables comme à soi-même.

Car dans sa conception la lutte n'est-elle pas aussi fatale que la tempête dans une atmosphère lourde ? Celui qui dans la lutte voit l'œuvre artificielle des méchants, celui-là peut sans doute, à raison de cette malice, à raison de cette perturbation criminelle et volontaire de la paix sociale, soupçonner les fauteurs de ce désordre de n'avoir que des mobiles malhonnêtes, malpropres, Mais celui qui a compris que la lutte était une nécessité inhérente à la vie sociale, qu'elle était simplement l'antagonisme de deux points de vue également déterminés par un concours de circonstances objectives, celui qui considère les différentes conceptions du monde et de la vie correspondant à ces différents points de vue, comme nécessitées par là différence des conditions d'existence, celui-ci devrait se rendre compte que son adversaire a pour garder son poste les mêmes raisons que lui-même, qu'il n'y a pas infamie personnelle, mais nécessité à occuper cette place qui le fait un ennemi. Alors il sera facile de respecter dans l'adversaire l'homme qu'on ne doit ni soupçonner, ni railler, mais avec lequel on doit combattre loyalement, franchement ; tandis que nous exaltons la convention de Genève sur la guerre des nations comme un produit de civilisation avancée, devons-nous dans l'intérieur de notre pays nous assaillir en barbares, brutalement, malhonnêtement, sans aucun respect de l'adversaire ?

Ici l'évolution de l'Angleterre pourrait nous servir d'exemple. Elle nous apprend comment on doit dans la vie sociale mener le combat de façon honnête et civilisée.

Cette forme plus humaine de la lutte sera, je l'espère, admise sur toute l'étendue du continent, par cela seul qu'elle correspond à une conception plus profonde de la lutte de classes. Au moment où commencera cette lutte légale et honnête, nous ne craindrons plus pour l'avenir de notre civilisation.

Et alors nous pourrons sans crainte appliquer aussi à la lutte sociale les paroles de Schiller :

> Ce qui me plaît c'est une vie vivante,
> C'est un mouvement, un essor, un vol éternel,
> Sur les flots montants et descendants du bonheur.
> Car l'homme dégénère dans la paix.
> Le calme paresseux est le tombeau du courage.
> ....
> Mais la guerre fait surgir la force
> Elle élève tout à l'extraordinaire.
> Au lâche lui-même elle donne le courage.

Chronologie du mouvement social.
1750 – 1896

Cette table constitue la première tentative faite pour réunir dans un synchronisme les dates principales du mouvement social moderne, c'est-à-dire en définitive du mouvement prolétarien, d'abord en ce qui concerne les grands États (Angleterre, France, Allemagne), puis dans les manifestations internationales de l'activité ouvrière. On a signalé en outre - et indiqué en gros caractères – les événements principaux qui marquent l'évolution du capitalisme et de la législation sociale en tant que leur rapport au mouvement ouvrier est celui de cause à effet.

Années	Angleterre	France	Allemagne	International
1750-1800	DÉCOUVERTES DÉCISIVES des machines industrielles modernes : 1764-1771, machine à filer ; 1778, la méthode du puddlage ; 1785-1790, le métier mécanique ; 1790, la machine à vapeur ; 1799, la machine à papier. Développement rapide des grands centres industriels. Destruction des machines et des fabriques par les ouvriers ; les pétitions en vue de faire interdire par une loi les machines et les fabriques, et de conserver, voire - d'introduire à nouveau le statut d'Elisabeth. LOIS POUR LA PROTECTION DES MACHINES.			
1776	ADAM SMITH (1723-1790), WEALTH OF NATION.			
1796		La conspiration de Baboeuf ou « des Égaux ».		

156

Années	Angleterre	France	Allemagne	International
1800	Robert Owen (1771-1858) ; principaux ouvrages : A new view of Society ; Book of the new moral world ; prend la direction des fabriques de Dale à Lanark. LOI DRACONIENNE CONTRE LES COALITIONS, COMPRENANT LES ANCIENNES INTERDICTIONS			
1808		Publication du premier ouvrage de Charles Fourier (1772-1837). Théorie des quatre mouvements. Théorie de l'unité universelle, 1822. Le nouveau monde industriel, 1824		
1813-1814	ABOLITION DÉFINITIVE DU STATUT D'ELISABETH			
1815-1832	Le prolétariat lutte pour la conquête de la liberté civique			

Années	Angleterre	France	Allemagne	International
1819	LE « SAVANNAH » ARRIVE A LIVERPOOL			
1821	Publication de l'œuvre principale de Saint-Simon (1760-1825). Du système industriel.			
1825	LOI PLUS LIBÉRALE SUR LES COALITIONS. Première période du développement des syndicats.	1825 : Nouveau christianisme.		
1830	INAUGURATION DU CHEMIN DE FER FR MACHESTER À LIVERPOOL			
1830-1848		ROYAUTÉ DE JUILLET. RAPIDE DÉVELOPPEMENT ÉCONOMIQUE. « Enrichissez-vous, messieurs ».		
1830-1832		L'agitation des disciples de Saint-Simon, Bazard et Enfantin.		
1831		Soulèvement des ouvriers de la soie à Lyon.		

Années	Angleterre	France	Allemagne	International
		« Vivre en travaillant ou mourir en combattant »		
1834	Robert Owen conçoit le « Grand national consolidated trade Union "			
1836		Commencement de la « période publiciste » avec Victor Considérant ; Apparition des socialistes chrétiens (Lamennais) ; le « Communisme icarien » de Cabet (Voyage en Icarie 1840). Début du mouvement des associations économiques (Buchez, né en 1796)		
1837-1838	L'agitation chartiste. Lovett, Feargus O'Connor			
1839	La période de production pour Th. Carlyle (Past and present, 1843) et pour les socialistes chrétiens (Ch. Kingsley, Th. Hughes, J. D. Maurice).	Louis Blanc ({813-1882), « Organisation du travail ».		

Années	Angleterre	France	Allemagne	International
1840	L'APPLICATION DU PENNY-PORTO DE ROWLAND HILL. PREMIÈRE APPLICATION DU TÉLÉGRAPHE AUX ÇHEMINS DE FER ANGLAIS.	L'esprit de club et de conspiration anarchiste communiste atteint son maximum dans la « société des travailleurs égalitaires ». Proudhon (1809-1861». .« Qu'est ce que la propriété? »	CREATION DU ZOLLVEREIN ALLEMAND. DEBUTS DE L'INDUSTRIE NATIONALE.	La « jeune Allemagne » en Suisse. « La ligue des Justes » et son co-mité central à Londres depuis 1840.
1844	Les pionniers de Rochdale.		Désordres provoqués par les tisseurs à Langenbielau et à Peterswaladau ; manifestations ouvrières à Breslau, à Wafmbrunn, etc.	
1847				La « ligue des justes » se transforme en la « ligue des communistes » et prend comme programme le manifeste du parti communiste rédigé par Karl Marx (1818-1883) et Frédéric Engel (1818-

160

Années	Angleterre	France	Allemagne	International
				1895). « Prolétaires de tous les pays, unissez-vous ! »
1848		La révolution de Février. Les représentant du prolétariat dans le gouvernement provisoire : Louis Blanc et Albert. Les 23 et 24 Juin : insurrection de Juin. Le prolétariat vaincu dans la guerre de rues.		
1850-1880	MONOPOLE INDUSTRIEL DE L'ANGLETERRE SUR LE MARCHÉ MONDIAL. Rapide développement des syndicats.		Agitation communiste de Karl Marx et de ses disciples dans les provinces rhénanes (Neue Rheinishe Zeitung,1,VI.58-19,V,49). Le mouvement ouvrier allemand se met à la remorque de la petite bourgeoisie industrielle. Stéphan Born,	

Années	Angleterre	France	Allemagne	International
			W. Weitling.	
1850-1856			MESURES SÉVÈRES PRISES PAR LES DIFFÉRENTS ÉTATS ALLEMANDS POUR ÉTOUFFER L'AGITATION OUVRIÈRE. Débuts des associations et des cercles d'études ouvriers progressistes (Schultze-Delitsch).	
1851-1854		LÉGISLATION SÉVÈRE DE NAPOLÉON III EN VUE DE RÉPRIMER TOUTE AGITATION SOCIALE.		
1851	Fondation de la société des « constructeurs de machines fusionnés ».			PREMIÈRE EXPOSITION UNIVERSELLE À LONDRES.

Années	Angleterre	France	Allemagne	International
1852				La « Ligue des communistes » se dissout.
1862			La députation ouvrière de Leipzig chez les chefs de la Société Nationale à Berlin. « Membres honoraires ».	
1863			Ferdinand Lassalle (1825-1864). 1858, Héraclite l'obscur ; 1861, Système des droits acquis. 1, III. « Lettre ouverte au comité central formé en vue de convoquer un congrès général des ouvriers allemands à Leipzig ». 23, V. Lassalle fonde l'association générale des ouvriers allemands. Scission après la mort de Lassalle en deux ligues	

Années	Angleterre	France	Allemagne	International
			(B.Becker, J.-B. von Schveitzer) et (comtesse Hatzfeld).	
1864				Fondation de l'Association internationale des travailleurs par les délégués des différentes nations venus à Londres à l'occasion de l'exposition universelle. L'adresse inaugurale et les statuts rédigés par Marx. Celui-ci reste le chef occulte de « l'Internationale » dont « le conseil général » a son siège à Londres.
1865			Débuts du mouvement syndical : ouvriers des tabacs. En 1866, les typographes.	

Années	Angleterre	France	Allemagne	International
1867			BISMARCK OCTROIE LE SUFFRAGE UNIVERSEL, NON CENSITAIRE, AVEC VOTE SECRET ET AU PREMIER DEGRÉ.	Publication du premier volume du « Capital » de Karl Marx.
1868				Fondation de « l'Alliance internationale de la démocratie sociale » par Michel Bakounine(18 14-1876} avec des tendances anarchistes en opposition avec l'Internationale marxiste.
1869			LÉGISLATION INDUSTRIELLE LIBÉRALE POUR L'EMPIRE ALLEMAND. RAPIDE DÉVELOPPEMENT DU CAPITALISME, SURTOUT	

Années	Angleterre	France	Allemagne	International
			APRÈS LA GUERRE. Fondation du « Parti ouvrier démocrate socialiste » au Congrès d'Eisenach : les « Honnêtes ».	
1871	LE TRADE-UNIONS ACT, COMPLÉTÉ EN !875, LÉGALISE LE MOUVEMENT SYNDICAL.	La commune de Paris.	Aug. Bebel (né 1840), W. Liebknecht (né 1826). Fondation de la Fédération des syndicats de Hirsch-Dunker.	
1872			L'assemblée générale des sociétés catholiques décide de prendre part au mouvement social en se plaçant sur 1e terrain catholique.	Congrès de l'A.I.T. à la Haye. Exclusion de Bakounine et de ses partisans. Ceux-ci trouvent pendant un certain temps un appui dans la Fédération jurassienne. Transfert du conseil général à New- York.

Années	Angleterre	France	Allemagne	International
1875			Fusion des Lassalliens et des Eisenachiens au congrès de Gotha. Le programme de Gotha est un compromis.	
1876		Premier congrès ouvrier à Paris.		
1877				L'A.S.T. se dissout officiellement. Congrès « mondial » de Gand. La tentative pour réconcilier les bakouninistes et les marxistes échoue. L' « Union générale du socialisme international », que les marxistes décident d'organiser, reste sans importance.
1878-1890			LOIS CONTRE LES SOCIALISTES.	

Années	Angleterre	France	Allemagne	International
			Destruction des organisations ouvrières. Le centre de l'agitation est transporté à l'étranger (le « social democrat », à Zurich et à Londres).	
1878			Stoecker fonde un parti conservateur socialiste chrétien.	
1879		Le congrès ouvrier de Marseille donne pour la première fois la prépondérance aux collectivistes.		
1880		Le congrès ouvrier du Havre. Scission entre les modérés et les avancés. Ces derniers se constituent en « parti ouvrier socialiste révolutionnaire ».		

Années	Angleterre	France	Allemagne	International
1881	Fondation de la Social democratic federation, adhérente au marxisme.	Scission au congrès de St Etienne entre possibilistes et guesdistes. Les premiers se scindent de nouveau en Broussistes (Fédération des Travailleurs socialistes de France), en Marxistes et en Allemanistes (parti ouvrier socialiste révolutionnaire).		
1883	Fondation de la Fabian Sociely.		L'ASSURANCE OUVRIÈRE OBLIGATOIRE PAR L'ÉTAT : ASSURANCE EN CAS DE MALADIE ; 1884 : ASSURANCE CONTRE LES ACCIDENTS ; 1890 : ASSURANCE CONTRE L'INVALIDITÉ ET LA VIEILLESSE.	
1884		NOUVELLE		

Années	Angleterre	France	Allemagne	International
		LOI SUR LES SYNDICATS, FAVORISANT LE DÉVELOPPE MENT DU MOUVEMENT SYNDICAL		
1885		Benoît Malon fonde la Société d'économie sociale qui devient le centre des socialistes « indépendants » (parti socialiste indépendant).		
1886		Fondation de la Fédération des syndicats au con- grès de Lyon.		
1887	Début du Néo-Unionisme.du. mouvement syndical parti des couches profondes de la classe ouvrière avec tendance socialiste. John Burns, Tom Mann, Keir Hardie.	Ouverture de la Bourse du travail à Paris.		

Années	Angleterre	France	Allemagne	International
1889				Deux congrès internationaux organisés à Paris par les possibilistes et les guesdistes proclament la journée légale de huit heures, le mot d'ordre du prolétariat et le 1er mai, la fête ouvrière.
1890	Le congrès syndical de Liverpool se prononce par 193 voix contre 155 pour la journée de huit heures légale.			Pour la première fois le 1er Mai se célèbre chez tous les peuples civilisés : Premier congrès international des mineurs à Jolimont. Conférence internationale pour la protection ouvrière convoquée par Guillaume II ; 13 États sont re-présentés.
1891			Nouveau	IIe Congrès

Années	Angleterre	France	Allemagne	International
			programme de la démocratie socialiste fondé sur une base strictement marxiste, dit programme d'Erfurt. Les socialistes indépendants se séparent de la démocratie socialiste à cause de leurs tendances anarchistes.	ouvrier international à Bruxelles. Expulsion des anarchistes. L'Encyclique de Léon XIII « Rerum novarum » formule le programme de tout le mouvement catholique social.
1892		Le congrès socialiste de Marseille adopte un programme agraire avec tendances petites paysannes.	Premier congrès général des syndicats à Halberstadt.	
1893		Premier congrès de la Fédération des bourses du travail.	La démocratie socialiste sort des élections au Reichstag comme le parti le plus fort de l'Allemagne avec 1786738 suffrages.	IIIe Congrès ouvrier international à Zurich. Les syndicats anglais siègent officiellement parmi les socialistes du continent.
1894			Commencement	Premier

Années	Angleterre	France	Allemagne	International
			de l'agitation démocrate-chrétienne du pasteur Naumann (Die Hilfe, le Secours).	congrès international de « l'industrie textile » à Manchester. IVe Congrès international à Londres.
1896	Au congrès syndical de Norwich, la majorité se déclare en faveur de la socialisation des moyens de production.